認知症
ストーリー・ケア

「診断」から「グループホーム入居」まで

渡辺哲雄 著

中日新聞社

はじめに

母は八十歳を超えたあたりから物忘れが頻繁になりました。田舎で一人暮らしをしている母は、物忘れの程度の逸脱を誰からも指摘されることなく、従って認知症という自覚のないまま生活をしていました。家と畑を往復するだけの、ほとんど変化のない単調な生活を繰り返していると、たいていの物忘れは取り返しのつく単なる失敗の範囲にとどまって、深刻な生活困難として表面化する可能性は低いのです。

会えば普通に会話ができ、電話での受け答えにも不自然なところはなく、スクーターで畑に出かけては収穫物を積んで帰ってくる母の元気な様子に、私は一人息子として日常生活上の不安を感じることはありませんでした。母の認知症を指摘する連絡が担当民生委員から入らなければ、離れて住んでいる私は、今でも、年齢より少し記憶力の低下が進んでいるという程度の認識でいたかもしれません。

早速ご近所を回って事情を話し、見守りを依頼しました。少しでも火を使う頻度を減らすために給食とＩＨコンロを手配しました。専門医を受診させ、アルツハイマー型認知症の診断を受け、地域包括支援センターに相談して要介護認定を受けました。担当ケアマネジャーを決め、デイサービスに通わせました。そして発症から二年が過ぎた今年の春、グループホームに入居したのです。

こうして列挙すると、一連の支援がいとも簡単に行われたかのような印象を与えますが、どの場面を振り返っても、わずかに配慮を欠けば、母の感情的な抵抗が予想されることばかりでした。母と子が感情的に対立したら最後、それから先の支援は頑《かたく》なな拒否に遭ったことでしょう。

あくまでも私の母という個性の上に現出した認知症状であるにせよ、またあくまでも私と母が積み重ねた人間関係の上に成立した支援であるにせよ、時には根気よく機会を待ったり、時には嘘《うそ》をついてでも機会を作ったりしながら、母の自発的な意思を尊重して取り組んだ実践内容は、何かしら認知症一般の普遍的な応対に通じているような実感がありました。

折に触れ経験した母とのやりとりや顛末《てんまつ》を、時間的経緯や当事者の心情がよく分かる短い小説形式に仕立てて残しておこうと思った背後には、恐らく最後のステージになるであろう私と母との日々を、映像に残すように文章で記録しておきたいという気持ちがありました。一定の量の作品を時系列に集めてみると、そこには期せずして、認知症患者への対応に苦悩する家族関係者の参考になるような具体的な示唆が数多く含まれていました。

行動を強制するのではなく、本人に望ましい意思を発動させるために、会話の中に一定の文脈を設定する対応方法を「ストーリー・ケア」と名付け、作品ごとに解説を加えて一冊にまとめました。日常的に認知症患者と向き合う生活者にとっては、認知症発症の神経学的機序や病態の医学的分類よりも、遭遇する場面に応じた具体的なヒントになるに違いありません。

著　者

Index
目次

認知症 ストーリー・ケア

Story Care Index

認知症ストーリー・ケア／目次

Story Care

Story 48 + Explanation 解説

Story 01

母の冷蔵庫

予定のフライトまであと三十分…。謙一は空港の売店で房子に送る漬物を見繕っていた。日持ち、固さ、量、塩分、それに味…。たかが漬物でも一人暮らしの年寄りに送るとなると骨が折れた。いくつか試食をして、謙一は数種類の漬物の宅配を手配した。甘い物を嫌う房子には、旅先から好物の漬物を送るのが無沙汰の詫びのようになっている。

数日後、房子から自宅に電話があった。

「もしもし… 謙一か。たった今、漬物が届いたよ。今度は長野に出張したんやなあ。いつもありがとな」

という明るい声に安心していた。それだけに、その晩かかってきた民生委員を名乗る男からの電話に謙一は凍りついた。

「あの… 誠に申し上げにくいことですが…」

と前置きして、民生委員は房子の認知症が進んでいることを告げた。ごみ出しの曜日を間違える。回覧板が回せない。鍵をなくして大騒ぎする。昔の話を何度も繰り返す。

「何よりご近所が火を心配されるものですから、一応お耳に入れておこうと思いまして…」

「あ、はい…それはわざわざありがとうございます。知らせていただいて助かりました」

近いうちに様子を見にいくことを約束して謙一は電話を切ったが、にわかには信じられなかった。ついさっき、あんなにしっかりした会話を交わしたばかりではないか。

次の日曜日。久しぶりに訪ねて行くと、房子は息子夫婦を満面の笑顔で出迎えて、

「何や、おまえたち。来るんやったら漬物は宅配やのうて持ってきたらよかったのに」

会話に不自然なところはない。

「一緒に今夜のお買い物をしてきましょう」

妻の陽子が房子を外に誘い出した時間を利用して、家の様子を点検したが、乱雑ではあってもゴミ屋敷になる気配はない。ガスは元栓で切ってあるし、不要なコンセントも抜いてある。

(まだまだ、しっかりしてるじゃないか…)

謙一は冷たい物でも飲もうと冷蔵庫を開けて目を見張った。これまで送った漬物が未開封のまま折り重なって腐っていた。

Explanation
解説

Story 01
「母の冷蔵庫」

冷蔵庫の中は認知症状の観察ポイント

どんな病気でも早期に発見することが大切である。がんも糖尿病も早く見つけて対処すれば悪化を防ぐことができる。病気は悪くなってからでは治療効果は上がらない。患者の苦しみは増し、費用もかさむ。少子高齢化の進展で医療保険財政の逼迫《ひっぱく》が深刻の度を深める中、いよいよ政府は予防医療の方向へ大きく舵《かじ》を切った。四十歳以上の医療保険の被保険者を対象とする成人病予防のための健康診査を保険者に義務付けたのである。成人病の危険サインをできるだけ早く発見して予防すれば、治療費だけでなく、やがて必要になる介護費用の節約にもつながる。健康寿命が伸張することは、本人にとって幸福であると同時に、能力を活用すれば社会にとっても有益である。

こうして身体的疾患については早期発見の仕組みが整った。残るは認知症である。脳梗塞や脳出血など明らかな病変に付随する認知症は源疾患を予防する以外にないが、それは成人病健診の守備範囲である。ところが、アルツハイマー型の認知症は、本人が気付かないうちにひっそりと進行する。家族と同居している高齢者の場合はその言動の変化から発見は比較的容易であるが、たまに実家を訪れて、罪滅ぼしのように外食に連れて行く程度の付き合いの家族にとって、異変に気付くのは難しい。

民生委員から連絡を受けて房子の家を訪れた謙

Story01「母の冷蔵庫」解説

一夫婦は、房子の様子を見ても認知症を疑うことはできなかった。会話に奇異なところはないし、暮らしぶりに目立った変化もない。冷蔵庫に詰まった消費期限切れの食材を見て、房子の脳で進行する病変に二人は初めて気が付いたのである。

アルツハイマー型の認知症は記憶障害から始まる。ごみ出しの曜日を間違える。回覧板が回せない。鍵をなくす。同じ話を何度も繰り返す…。民生委員が指摘した事柄は全て記憶障害が原因で生じる症状であるが、一人暮らしの高齢者の場合、近隣でなければ気付くことは難しい。ところが近隣は、よほど親しい関係でもない限り、失礼に当たることを恐れて、離れて暮らす親族に知らせることをためらってしまう。知らせれば本人と親族の関係が一変するという想像がつくために、民生委員といえども躊躇《ちゅうちょ》する。しかし、認知症高齢者を地域で支えようとすれば、まずは親族と近隣が本人に関する情報を共有しなければならない。謙一夫婦も民生委員からの連絡がなければ、房子の認知症に気付かなかった。失礼に当たるかも知れないという心の壁を乗り越えるのは、高齢者の支援に携わる専門職の責務なのである。同時に離れて暮らす親族には、認知症の兆候に気を配る責務がある。そのとき、記憶障害の痕跡が往々にして消費期限の切れた大量の食材として冷蔵庫に保存されていることは重要な観察ポイントの一つになるのである。

Story 02

外泊

年末年始を謙一のマンションで過ごすことになった房子は、陽子に付き添われて髪を短くカットし、量販店で新調した上下の衣服に着替えると、見違えるように小綺麗になった。

「な？　おふくろ、もったいないも大切だけど、身だしなみにちょっと気を遣えば、こんなにオシャレになるんだよ」

謙一に褒められて房子は照れくさそうに笑ったが、翌朝は毛玉だらけの古い服を着て現れた。

元日の神社で長い間手を合わせていた房子に、何を願ったんだ？　と謙一が尋ねると、

「家族の健康やよ」

決まってるだろという顔をしたくせに、マンションに戻った途端、

「ところで、初詣にはいつ出かけるんや？」

真顔で聞いて謙一と陽子を驚かせた。

立ち寄ったスーパーのレジで、房子が支払う金額に間違いがないのを確認して安心したのもつかの間、レジ袋の豆大福をお茶請けに出すと、

「ほう…私の好物を覚えていてくれたんか?」

房子は自分が買ったものだということをすっかり忘れていた。夜中にはトイレの場所が分からなくなって、物置の扉を開けては大騒ぎをした。食事をする度に一泊したような気分になるらしく、房子は日に何度も帰り支度をした。

その朝、またしても荷造りを始めた房子に、

「おふくろ、帰るのは明日だぞ」

謙一が声をかけると、持参した下着と新調した下着を全部床に広げて肩を落とし、

「私、どれが自分のものか分からんようになったんよ」

房子はすがるように謙一を見た。それは母親の顔ではなく、不安に怯《おび》える年寄りの顔だった。

「一緒にここで暮らしたらどうだ?」

「こんな知らない都会は嫌や」

「だけど、田舎におふくろ一人残しておいたら、俺、心配で働けないぞ」

「どうしようものうなったら施設にでも入る」まだまだ大丈夫やけどなと、房子は本気とも冗談ともつかぬ顔で笑った。

Story 02
「外泊」

Explanation
解説

環境の変化が「初期症状」をあぶり出す

認知症は長い間、痴呆《ちほう》と呼ばれていたが、痴呆という言葉が持つ侮蔑的語感を避けるために認知症と改められて定着している。辞書によれば、痴呆が「いったん個人が獲得した知的精神的能力が失われて元に戻らない状態」であるのに対し、認知症は「成人後期に慢性的な知能低下が起きる状態」である。いずれにしても後天的に知的能力の低下を来す脳機能の変性であることに変わりはない。しかし、認知症患者をおしなべて「知能の劣った人」と理解するのは正しくない。

房子は、髪を切り、服を新調して小綺麗になった自分を喜ぶ能力は正常に保たれている。ただそのことを覚えていられない。初詣で家族の健康を願う心情に問題はないが、初詣に出かけた事実を忘れてしまう。大福の代金を支払う能力は保持しているし、排尿をトイレですることも理解しているが、大福を買った事実やトイレの場所を忘れてしまうのである。

長い間、一人暮らしをしているお年寄りの認知症を早期に発見するのが難しいのは、日常が記憶を想起する必要のない「習慣」の連続で出来上がっているからである。朝起きたら洗面をし、着替えて朝食をとって新聞を読む。汚れ物がたまっていれば洗濯をし、通い慣れた道を通って畑に出かけ、帰りにいつもの店で買い物をして、テレビを見ながらおやつを食べる。夕食を済ませたら風呂

Story02「外泊」解説

に入り、好きな番組を見て眠る。この繰り返しの中には、他人が異変に気付く機会は少ない。たとえ息子夫婦であっても、月に一度母親を連れて好物の寿司を食べさせる程度の接触では、本人の異常は分からないのである。

その点、外泊は初期の症状をあぶり出す。新しい環境では、わずかな見当識（場所や時間を認識する能力）の障害によって、トイレと物置の位置が混乱する。一人暮らしを続けてきた人にとって、同じ空間に自分以外の人間がいるということ自体が新しい環境である。周囲の意向を斟酌《しんしゃく》して行動するためには、交わした会話の内容を記憶している必要がある。先に風呂に入れと言われて、分かったと返事をしたのに、そのことを忘れてしまうといった類の小さなトラブルの数々が、本人の脳で起きている異変のサインなのである。しかし、異変があらわになることは、本人にとっても苦痛であることを忘れてはならない。習慣の中に逃げ込んで、意識から遠ざけていた記憶能力の欠損に、嫌でも直面することになるからである。

「どうしようもうなったら施設にでも入る」という言葉の背後に、房子が抱えた大きな不安を読み取らなくてはならない。

環境の変化が認知症の初期症状をあぶり出すということは、認知症患者が落ち着いて生活するためには環境は変えない方がいいということである。そして残念ながら認知症が進行して在宅生活が限界を超えた先に待っているのは、施設入所という最大の環境の変化なのである。

Story
03

回覧板

スーパーから戻ってくると郵便受けに隣家の信子から回覧板が届いていた。買い物袋を持つ腕で回覧板を抱え、いつものように植木鉢の下から鍵を取り出して玄関の扉を開けたとき、待ち構えていたように固定電話が鳴った。

「もしもし、はい…え？ 財布が？ そうでしたか、それはわざわざ…はい、すぐに伺います」

房子は買い物袋と回覧板を床に置くと、再び玄関に鍵をかけてスーパーにとって返した。発見したのが店員だから良かったが、不心得な客に拾われたら絶対に返ってはこない。

（やれやれ、とうとう財布まで忘れるようになってしまった…）

家に戻って買い物袋を手にした房子はその場に立ちすくんだ。郵便受けに届くはずの回覧板が床に落ちている。それが自分で持ち込んだものであることを房子はすっかり忘れていた。

鍵をかけて出掛けた家の中に回覧板が届いているということは…。

（信子が合鍵を持っている！）

房子は全身から血の気が引いていくのが分かった。

信子とは、出会えばにこやかに挨拶《あいさつ》を交わし、旅に出ればお互いに土産を買って帰り、たまには惣菜のお裾分けをする付き合いをしている。だからといって無断で他人の家の合鍵を作るなんて非常識ではないか。そういえば最近よく物がなくなるが、あれは信子の仕業だったのだろうか…。考えは悪い方にばかり転がっていく。

房子は突然世の中が気味悪くなった。他人が合鍵を持っていたのでは安心して留守もできないではないか。

房子は町の鍵店にそう言って、玄関の鍵をそっくり取り換えさせた。間違いのないように古い鍵を処分したつもりだったが、捨てたのは新しい鍵だった。翌日、何度試みても鍵穴に入らない鍵を手に玄関前で途方に暮れる房子の姿をみつけて、

「どうしたの、房子さん？」

信子が怪訝《けげん》な顔で声をかけた。

Story 03

「回覧板」

Explanation

解説

欠落した記憶を元に判断…他人から見れば妄想

このエピソードでは、房子が回覧板を自分で家の中に持ち込んだことを忘れて、信子が合鍵を持っていると思い込むところから問題が発生している。一般に認知症患者が行うこの種の飛躍した判断を被害妄想と捉える風潮があるが、果たしてそうだろうか。

一人暮らしの房子にとって、玄関に施錠して出かけるのは長年の習慣になっている。用心深く暮らしているつもりの房子にとって、鍵を開けて入った家の中に、本来郵便受けにあるべき回覧板を発見すれば、それを届けた信子が合鍵を持っていると考えるのは、妄想ではなく推理である。しかし直接信子に抗議したのでは角が立つという判断もまた正常である。そこで少し値は張るが、玄関の鍵そのものを交換した。古い鍵は紛らわしいと考えて捨てた方が新しい鍵で、今度は新品の鍵が使いものにならないという困難に直面した房子は、一人暮らしの年寄りを馬鹿にして、鍵店が不良品を売りつけたと推理することになる。

最初にボタンを掛け違えると、次々と間違った穴にボタンを掛けてしまうように、欠落した記憶を元に展開される推理や判断は周囲からは妄想のように見えるのである。

財布の保管場所が不用心だからと、別の場所に移してそのことを忘れてしまえば、いつもの場所に財布がないということになり、誰かが盗んだに

Story03「回覧板」解説

違いないという推理になる。鍵のかかった家に入ることができるのは、合鍵を持っている息子と嫁しかいないが、息子がそんなことをするはずがない。そういえば嫁は最近見慣れぬバッグを持っている…。しかし、直接嫁を疑えば、そうでなくても難しい嫁と姑の間に角が立つ。思い余った母親が、

「こんなことは言いたくはないけどね」

と声を落として息子に嫁への不信を訴えるのはよくある話であるが、そのときの息子の対応が問題なのである。

「おふくろ、いい加減にしろよ。あいつが盗むわけがないだろ。もう一度探してみろよ」

と返せば、母親は頼りにしていた息子が嫁の味方をして自分を疎んじるという感情にとらわれる。親子が敵対関係になると、遠くない将来に、受診、要介護認定、サービス利用、施設入所と展開する支援への導入が困難になる。どんな場合でも家族には、本人との信頼関係を損なわないような対応が求められるのである。

そこで例えば、

「あ、財布かあ！財布なら不用心なところに置いてあったから、昨日、おれが別の場所に移したぞ。ええっと、どこに移したんだったかな？　え～っと、う～む、駄目だ、思い出せない。明日そちらに行くから一緒に探そう」

こう対応すれば、

「何や、おまえやったんか。いつもの場所を変えるから分からんようになるんやぞ。馬鹿やなあ」

と安心して、

「おい、こんなところにあったぞ」

かすかに記憶が蘇《よみがえ》るのだろう。仏壇の隅に隠した財布を母親自身が発見するのである。

Story
04

分別収集

畑から帰ってきた房子は、玄関先に放置してあるゴミ袋を見つけて言いようのない不安に襲われた。今朝早く所定の集積場所に運んだ時の食い込むようなゴミ袋の重さを指がまだ覚えている。あれは夢だったのだろうか。それとも別の日のことだったのだろうか。町の規則通り、袋には房子が書いた自分の氏名が責任の所在を示している。どうしてこれが玄関に？といぶかる房子を待っていたかのように、今月のゴミ当番に当たっている近所の鈴子が駆け寄ってきた。

「ごめんなさいね、房子さん。ゴミ、きちんと分別してないと収集車が持って行かないんですよ。今回はほら、ベルトとビデオが入ってるでしょ？」

ベルトは金具を外して可燃ゴミ、外した金具は小型金物、ビデオは中のテープを引き出して一メートル程度に切って可燃ゴミ。

「エコだか何だか知らないけど、細かく分別するのって、ホント、面倒ですよね」

今度の収集日は木曜日だからと言い残して鈴子は去っていった。その後ろ姿が房子には悪意に満ちたもののように見えた。袋の中身の大半は生ゴミである。こんな暑い季節に木曜日まで保管したら腐敗が進み虫もわく。

房子はゴミ袋を家の中に取り込むと、町から配布されたゴミの分別表を改めて見た。

ビンは色によって四種類に分け、割れたものや化粧品のビンは別にする。プラスチックと布類は資源用の袋に入れて、プラスチックの袋には○を付ける。ペットボトルはふたとラベルを剝がして収集用ネットに入れる。トレーも発泡スチロールも白い物は収集用ネットでいいが、色付きトレーは容器包装プラスチック、色付き発泡スチロールは可燃ゴミに出す。傘は骨とビニールに分けて…。

房子は途中で分別表を投げ出した。こんな難しいルールは自分にはとても理解できない。間違えれば人に迷惑をかける。ゴミは容赦なく戻ってくる。そして恥をかく。

房子の家がゴミ屋敷のようになるのには、それから数カ月とかからなかった。

Story 04

「分別収集」

Explanation

解説

求められる生活弱者の立場に立った支援対策

おしなべて生き物は衰えて死ぬ。人間も生き物である以上、それは避けられない運命である。ただ、日本民族は、栄養の改善や環境の整備、保健医療の進歩、健康志向の進展によって、世界でも例を見ないほど長生きをするようになった。しかも、子供には親を看る義務があるという価値観は過去のものとなり、親も子供の世話を期待しなくなった。住宅事情は、親子二世帯が生活の質を保ちながら暮らす条件からは程遠い。老夫婦のみ、あるいは単身高齢者世帯は、年々増加の一途をたどっている。ということは、私たちは体力と知力と気力が衰えてなお、子供たちを頼らずに生きていかなくてはならないということになる。

社会は今、加齢による知力の衰えを認知症と呼んで危機感を募らせているが、高齢者は体力も気力も衰える。社会的コストのかかる施設での生活をできるだけ先延ばしにして、住み慣れた地域での暮らしを継続しようとすれば、地域の側が、体力、知力、気力、それぞれの衰えに対応する条件を整えなくてはならない。

房子は知力が衰えてゴミの分別ができなくなった。行政は環境保護のため分別の不十分なゴミは収集しないシステムを採用している。そのためにゴミ袋には世帯主の名前を書かせて自覚を促している。収集されずに集積場に放置されたゴミが悪臭を放っては困るので、当番が房子の家の前に戻

Story04「分別収集」解説

すと、房子は安易にはゴミが出せなくなった。やがてたまったゴミの量と重さが、それを集積場まで運ぶ体力を超えると、ゴミを出そうという気力がくじけてしまう。そしていったん萎《な》えた高齢者の気力は、筋力同様、簡単には回復が困難なのである。あちこちで問題となっているゴミ屋敷の中には、この種のことを端緒に発生したものがあるに違いない。

行政は縦割りである。

道路横断中の歩行者の事故が目立つようになると、道路行政担当課は、高齢者の体力を無視した歩道橋を設置して結果的に横断を阻む。豪雪地帯では、低所得者の雪下ろし費用の一部を、領収書に基づいて助成する制度を設けている自治体があるが、知力の衰えた高齢者はそもそも業者に雪下ろしを依頼する能力がない。学校の統廃合で通学距離が長くなり需要の増えたスクールバスを、送迎の合間に、通院や買い物の足として巡回させようとしても、管轄の違いのために実現は難しい。小学校の給食設備と空き教室を利用して高齢者を対象にしたバイキング食堂を作ろうとすれば、教育行政や衛生行政から慎重論が出る。資源保護と環境保護行政が検討を重ねて作成した細かなゴミの分別ルールは、知力の衰えた高齢者に対する配慮が欠けている。

体力、知力、気力の衰えた高齢者を地域が本気で支えるつもりがあるなら、縦割りの行政のどの局面でも、生活弱者の視点で設計する福祉的感性が求められている。

Story
05

母の料理ノート

公民館の講座で「断捨離」という言葉を聞いた。年を取ったら執着を離れ、一年間使わなかったものは思い切って捨てる。それがゴミ屋敷にしないためのコツだと言われて決心した。房子も今年で八十四歳。いつの間にか母親のフミが死んだ年齢になっていた。

あれも捨てこれも捨てしていると、一冊の古ぼけたノートが出てきた。料理の上手だったフミが、嫁ぐ房子のために書きとめてくれた料理ノートだった。肉じゃが、白和え、ちらし寿司、トン汁、けんちん汁、茶碗蒸し…。懐かしい筆跡と共に母の味と愛情が蘇ったが、心を鬼にして捨てた。

その後ろめたさが、その晩、夢になった。

「ほう…昭和初期の家庭料理の作り方が丹念に書いてある。これは貴重なノートやよ」

同級生の達子が熱心に眺めている。

目が覚めた時、房子の脳でそれが現実になった。房子は慌ててタンスの引き出しを確かめた。

大切にしていた母の料理ノートがなかった。

盗られたんだ…。

町内の一人暮らし同士、散歩も買い物も誘い合って出かける達子から裏切られたのが悲しかった。しかし誰にでも出来心はある。返してくれれば房子は笑って許すつもりだった。

「昨日、たっちゃんが持ってった料理ノート、書き写すかコピーしたら返してくれよな」

「ん？ 料理ノートって？」

「あんたがこれは貴重なものやって眺めとるのを私この目で見とったんやからね。あれは母ちゃんの大事な思い出やから返してほしいんよ」

認知症？ 達子にはすぐに察しがついた。

最近房子は約束の時間に来なかったり、季節外れな服装をしているときがある。

「もう一度家の中、探してみてよ。私そんなノート、見たこともないから」

房子を帰した達子は、町内の数人に電話した。

「房ちゃんにも困ったもんやよ。ものがなくなったら、私が盗ったなんて言うんよ」

噂《うわさ》はすぐに広まって、今では房子を訪ねてくる人はない。

認知症患者はこうして「孤立」する

俗に「もの盗られ妄想」と言うが、記憶障害を主症状とする認知症患者が大切なものを盗まれたと訴えるのは、妄想という言葉が意味する錯乱した精神状態とは別のものである。あるべき場所に大切な物がなくて、探しても見つからなければ、認知症でなくても誰かが盗ったと推理するのは当然である。ただし認知症の場合は、あるべき場所にないという認識に誤りがある。本人は無くなったと思っているが、実は隠した場所を覚えていなかったり、処分した事実を忘れてしまっている場合が多いのである。

房子の場合、亡き母親が房子のために残してくれた手書きの料理ノートを思い切って捨てた。その後ろめたさが夢になった。かけがえのないノートだったという密かな後悔を、

「これは貴重なノートやよ」

と夢の中で友人の達子が代弁した。

房子はノートを捨てた事実を忘れ、夢を現実として意識した。ノートを返してくれと言われた達子はもちろん否定したが、問題はそのあとである。

認知症の患者にとって最も避けるべき状態は孤立である。人と交流することによって脳は刺激を受ける。話しかけられた言葉を理解し、自分の考えや感情を言葉にして伝えることで、脳の神経細胞

は活性化する。テレビから流れてくる情報を一方的に受け止める場合に比べて、刺激される脳の範囲が格段に広い。体操やゲームを集団で行う認知症予防教室が方々で開催され、デイサービスへの通所が推奨されるのは、認知症患者にとって他人との交流が何より効果的だからである。

ところが、物を盗ったと疑われた側は黙ってはいられない。本人があの人に盗られたと第三者に吹聴するより先に、事実無根であることを弁明したくなる。達子とて例外ではなかった。

「房ちゃんにも困ったもんやよ。ものがなくなったら、私が盗ったなんて言うんやよ」

目的は身の潔白の表明だが、同時に房子の認知症状が深刻であることの告発でもあった。

房子にも親しくしていた友人たちがいた。一人暮らしの房子の家に集まって、カラオケを楽しんだり鍋を囲んだりしていたが、達子が発信した情報は、友人たちの足を房子から遠ざけるのに十分だった。誘っても断られると誘えなくなった。房子の孤立はこうして唐突に始まったのである。

認知症患者を地域で支える体制づくりが叫ばれている。支えるためには関わらなくてはならず、関われば、ものを盗ったと疑われる可能性がある。疑われたときどう振る舞うかが、支える側に立つか排除する側になるかの分岐点なのである。

Story 06

廃帳

最近頻繁に物が無くなるが、今回ばかりはほとほと困り果てた。ここなら絶対に忘れないからと、冷蔵庫の赤いプラスチック容器の中に入れておいたはずの通帳が、どこを探しても見当たらなかった。

あの通帳が無くては年金が引き出せない。

「もしもし、おふくろ、印鑑は？ 印鑑も一緒に無くしたのなら、急いで支払を止めないと、預金は全部引き出されちゃうぞ」

「印鑑は仏壇だよ」

「ふう…ならよかった…」

房子は、謙一が教えてくれた通り、届出印を持参して銀行の窓口で手続きを済ませた。

「古い通帳が見つかったらご提出下さいね」

と言って新しい通帳を手渡した若い女性行員の口元にかすかな嘲笑を感じた。

（どうせ見つかりゃしないと思っている…）

家に帰った房子は、新しい通帳を二度となくさないように夫の写真の額の裏に隠し、改めて家捜しを始めた。通帳さえ見つかれば、通帳と一緒になくしてしまった生活者としての誇りも取り戻せるような気がしていた。

鏡台の引き出しを探し、押し入れの棚をさぐり、天袋の隅を点検しても通帳は見つからなかった。どれだけ時間が経ったのだろう…。途方に暮れて柱時計を見上げた房子は、同じ柱にぶら下がる布製の状差しに目がとまった。縦に四つ並んだ一番上の段の手紙の束の中に通帳があった。

「ご迷惑をおかけしましたが、通帳、見つかりました！」

翌日、房子が胸を張って窓口に通帳を差し出すと、行員はパンチ穴を空けて返却した。

「どうして穴を空けるのですか！」

「昨日新しい通帳をお渡ししましたので…」

と言われても、房子には記憶がない。

この通帳が使えなくては年金が引き出せないと訴える房子を気の毒そうに見て、

「今度は新しい通帳を探してみてください」

行員は迷惑そうに言った。

Story 06

「廃帳」

Explanation
解説

銀行窓口で通帳の管理サービスを！

物忘れを主症状とする初期の認知症患者は、通帳や証書、印鑑や現金など、大切なものほど管理が苦手である。発症後相当期間は認識力も感情も意志力も正常に保たれている。大切なものであるという認識があるから、盗まれまいという感情に駆られ、安全な場所に保管しようという意思に従って泥棒に見つからない場所に移すのである。ところが、移した事実と、その場所を忘れてしまう。もともより見つからない場所に保管したのだから、発見には苦労が伴うが、苦労したという実感が、こんな分かりにくい場所は不適当だという判断につながって、さらに保管場所を変えて忘れてしまう。あるべき物があるべき場所にないという認識が、盗まれたに違いないという推理に発展し、もの盗られ妄想と呼ばれて周囲を困らせる例は別に紹介した。

そこで、日常生活自立支援事業が創設された。通帳や印鑑の保管場所を覚えていられない…という自覚のある人の財産管理や福祉サービス利用契約の締結を、安価な費用で支援する制度であり、最近利用者が増えている。社会福祉協議会の担当者が、預かった財産の中から必要な金額を利用者に届けるという方法が一般的である。しかし、届けられた生活費の保管場所を忘れてしまえば意味がないし、毎日届けるのでは担当者の負担と費用が折り合わない。

通帳の再発行を受けた後で発見した古い通帳に、銀行窓口で穴を開けられた房子は、再発行を受けた事実を忘れていたためにパニックに陥った。房子の目の前で通帳に穴を開けた行員は間違ってはいないが、やさしくはない。独居の後期高齢者が増えていることを考えると、この種のトラブルも当然増加する。銀行の規則通りの取り扱いをしてトラブルに遭遇した行員は気の毒である。しかし、年金の振り込まれる大切な通帳を、若い行員に目の前で廃帳処分された房子の怒りや戸惑いも想像に余りある。

こういう場合、変化が苦手な認知症の特性を考慮して、古い通帳を復活して再発行の通帳を廃帳するという取り扱いができないものだろうか。銀行内部の手続きで新しい通帳が発行されたのであれば、銀行内部の手続きで元の通帳を復活させることが不可能とは思えない。

銀行は利用者の預金を貸し付けて利益を上げている。全体に占める高齢者の預金の割合がどれほどのものかは知らないが、大手企業の少ない田舎であればあるほど、その率は高くなるに違いない。銀行にとって高齢者は、いわば大切な資金提供者である。そこで、増える認知症高齢者のために、窓口で通帳の管理サービスを行うことを提案したい。本人確認は、紛失する可能性の高い印鑑を避けて、指紋認証システムを導入する。窓口で指をかざすだけで現金を引き出せるようになれば便利である。金額や頻度によって、利用者の様子に尋常でないものを感じたときは、行員は福祉関係者に連絡をする。

成年後見制度の対象になる前の、物忘れを主症状とする認知症高齢者を地域で支えて行こうとすれば、高齢者が絶大な信頼を寄せる銀行に大きな役割を担ってもらうことを考えてもいいのではないだろうか。

Story
07

銀行窓口

郵便受けに信用金庫から定期預金の満期を知らせる通知が届いたが、

「証書が見当たらんのよ」

うろたえた房子は謙一に電話した。

「土曜日に一緒に探そう。最悪、証書や印鑑がなくても、何とかなるから心配するなよ」

母子で家捜しして、仏壇の引き出しから見つかった額面三百万円の定期預金の証書を前に、

「大事なものは謙一が預かってくれよ。私、どこにしまったか忘れてしまう」

房子はまた一つ大きな決断をした。

「その方が安心だね。生活費は定期的に届けるよ…で、どうしよう？ この三百万…」

「現金で持っててほしい。私が倒れて意識がなかったりすると、引き出せんようになるからな」

ところが、ここから先が大変だった。

数日後、謙一は房子と一緒に信用金庫の窓口に出向き、証書を提出して解約を申し出たが、使い道を説明しなければ手続きが進まない。

「保管場所を忘れてしまうので、私が管理を依頼されたのです。な？ おふくろ」

房子はこくりとうなずいてこう言った。

「毎月生活費を届けてもらおうと思います」

若い女性行員は、謙一の免許証と房子の保険証の提示を求めて奥に消えたが、代わりに戻ってきた男性行員が二人を別室へ案内し、普通預金にしてキャッシュカードを作るよう勧めた。

「いや、面倒なので現金でお願いします」

「ご本人があとで解約するつもりはなかったとおっしゃるようなことはないでしょうね？」

「え？ そんなこと私は言いませんよ」

「失礼しました。しかし例えば息子さんのご兄弟があとで苦情を言われるようなことは…」

「この人の子供は私一人だけです」

「それを証明するようなものは？」

「定期の解約に戸籍謄本が必要ですか？」

謙一がさすがに語気を荒げると、

「い、いいえ、大変失礼しました」

最近はお年寄りの資産を巡ってトラブルが多発していますので…と行員は頭を下げた。

Story 07

「銀行窓口」

Explanation

解説

預金を守ろうとする銀行の対応がネックに

こんな例がある。

銀行へ年金を引き出しに行く女性を乗せたタクシー運転手は、会話の様子から女性が認知症であることを知った。窓口まで付き添った運転手は、払い出し用紙の記入に手間取る女性に頼まれて金額を代筆した。本人が署名捺印《なついん》した払い出し用紙と通帳を窓口に差し出すと、何の疑いもなく現金が下りた。それ以来女性の言う金額より少し多めの金額を書いては差額を自分のものにする行為がエスカレートし、やがて通帳の定期預金を全額引き出して遊興に使い果たした。

こんな例もある。

長男を伴って銀行にやってきた女性は、五百万円の定期預金を解約した。

「ちょっと入用になりましたので…」

本人からそう言われれば、銀行として断る理由はなかった。

「おふくろは認知症です。借金返済に困った兄にそそのかされたのです。安易に解約に応じた銀行の責任は免れませんよ！」

女性の次男から激しく詰め寄られたのは、ひと月後のことであった。

振り込め詐欺をはじめ、銀行には認知症高齢者の財産を巡ってさまざまな悪意が渦巻いている。防止しようとすれば窓口は慎重にならざるを得ないが、房子のような場合は扱いが難しい。

Story07「銀行窓口」解説

記憶力だけが突出して衰えている房子は、通帳と印鑑を交互になくして、その都度大騒ぎをした。二度となくさないように保管場所を変えると、その場所を忘れて再び大騒ぎになった。

しかし、

「大事なものは謙一が預かってくれよ。私、どこにしまったのか忘れてしまう」

「現金で持っててほしい。私が倒れて意識がなかったりすると、引き出せんようになるからな」

という判断力は正常なのである。

房子から依頼を受けた謙一が、一緒に銀行の窓口に出向いて三百万円の定期の解約を申し出ると、慎重を期した銀行は、現金の使途を尋ねた。自分のカネを引き出すのに、目的を申告する義務は預金者にはないが、

「保管場所を忘れてしまうので、私が管理を依頼されたのです。な、おふくろ」

「毎月生活費を届けてもらおうと思います」

正直に事情を話したのがいけなかった。当然ながら銀行は房子の認知症を疑った。普通預金にしてキャッシュカードで引き出してはどうかとか、あとで解約の意思を否定するようなことはないかとか、相続人は謙一の他にいないかなど、考えてみれば随分失礼なやりとりの末、

「定期の解約に戸籍謄本が必要ですか？」

という謙一の言葉で銀行側が折れた。

結局、成年後見制度でも利用しない限り、高齢者の預金を瀬戸際で守ろうとする銀行と、預金管理を親族に任せようとする高齢者の立場が折り合うためには、この種の不愉快な摩擦を覚悟しなければならないようである。

Story 08

運転

畑の茂みの中でしばらくごそごそしていた房子は、やがて溢《あふ》れんばかりのミョウガの入ったレジ袋を持って立ち上がり、大きく一つ伸びをした。大嫌いなミョウガだが、ご近所に配って喜んでもらうのが房子の唯一の楽しみだった。

同じ頃、町内では房子のスクーターの運転が問題になっていた。

「あの年齢じゃ加害者より被害者になる方が心配ですな」

「と言うことは、加害者は我々ですか…」

「それは困ります。八十歳を超えた高齢者をひいても、罰せられるのはクルマです」

「しかし、移動手段を失うと、横丁の由蔵さんみたいに、あっという間に衰えませんか?」

「気の毒だが、我々の身を守るためですよ」

ここはやはり房子に運転を断念してもらうしかないということになって、町内会長以下三役は、その晩、重い足取りで房子の家に向かった。

「ご心配下さるのはありがたいですが、スクーターには五十年も乗っていて、体の一部のようになっています。無事故無違反のゴールド免許です。これでも運転には自信があるんですよ」

房子は精一杯の抵抗を示したが、

「ま、転ばぬ先の杖《つえ》。町内みんなの総意ですから、房子さん、どうか聞き分けて下さい」

三役に揃《そろ》って頭を下げられては断れなかった。

房子はスクーターを捨てた。

移動手段を失ってみると、生活は驚くほど不便になった。町内を巡る百円バスは三十分に一本しかなく、使い勝手が悪かった。自転車にも乗ってみたが、バランスを取りながらペダルを漕《こ》ぐのはスクーターよりずっと難しかった。

スーパーは遠くなり、今までのように一度に数日分の食料は運べなくなった。畑までの二キロの道のりは、徒歩で往復するにはきつかった。

いつしか房子は、終日テレビを見て過ごすようになった。

ある日、思い立って畑に出かけた房子はわが目を疑った。畑は一面背の高い雑草に覆われて、ミョウガの茂みも判然としなかった。

Story 08
「運転」

Explanation
解説

スクーター断念…悪役は町内の役員で

私の友人は団地に住んでいる。高度経済成長時代に山ひとつ切り開いて開発されたマンモス団地には、申し訳程度に庭のついた戸建て家屋が、斜面にひしめき合うように立ち並んでいる。マイホームの夢を叶《かな》えた企業戦士たちは、ここで子どもを育て、会社を定年退職して、一斉に年を取った。両側に整然とサツキが咲いて、景観を誇った住宅街の坂道は、高齢になった住民たちの移動を阻むバリアに変質した。

ある日、用があって両親宅へクルマを走らせていた友人の娘は、左脇道から出てきたクルマに衝突されて急ブレーキを踏んだ。

運転席で男がハンドルに顔を伏せている。

「大丈夫ですか?」

顔を上げた男の年齢は、明らかに八十歳を超えていた。

同様のことが全国の至るところで起きている。坂道の多い団地が高齢化すると、ふもとの店まで買い物に行くのにもクルマが必要である。運転の頻度を減らそうとすれば、今度は一度に買う量が多くなり、やはりクルマの必要性は増す。視力、聴力はもとより、判断能力や反射神経の衰えた高齢者が運転すれば、あっけなく加害者になり、あるいは被害者になる。

買い物難民の存在を市場と捉えて、移動スーパーが出現し始めたが、溢《あふ》れるような商品を物色する生活に慣れた高齢者には物足りない。ネットで商品を注文するシステムは高齢者には使えない。

Story08「運転」解説

そもそも豊かな国の住民は、目的を持って買い物に行くというよりは、たくさんの商品の中から気に入ったものを選ぶことに喜びを感じるのである。

坂道の多い団地という条件を、交通機関の少ない田舎に置き換えても、事情は同じである。近所に点在していた個人商店は、広大な駐車場を備えた大型店舗に集約されて、大量な商品が棚に溢れる代わりに、クルマがなくては行かれない場所に遠のいた。幸い房子はスクーターに乗る。しかも五十年も乗り続けていて、本人に言わせれば、体の一部のようになっている。しかし、スクーターに乗って颯爽《さっそう》とスーパーに向かう房子のヘルメット姿は、八十歳を超えたあたりから地域の不安の種になった。無理やり運転を断念させられた房子の行動範囲は急激に狭まり、それはそのまま意欲の減退につながっていく。施設でも地域でも、高齢者の安全対策には自由の制限という副作用が避けられない。

全国的に高齢者の事故が増えている。危ないから運転をやめろという息子夫婦と、どこにも出掛けられなくなるではないかという老親との険悪なやりとりが、日本中でどれだけ繰り返されていることだろう。譲歩の余地のないこの種の親子の感情的な対立は恨みを残し、その後の支援を困難にする。町内会は、親族に警告して房子の運転を断念させる方法を取らず、役員が直接房子の同意を取り付けた。息子の謙一は、

「そうか。三役が頭を下げたとなれば、よくよくのことだな…。おふくろも悔しかっただろうけど、よく聞き分けてくれたね」

房子の身になって同情することで、親子の感情的対立を免れたのである。

Story 09

徘《はい》徊《かい》

町内会からスクーターの自粛を申し出られた房子は2キロほど離れた場所にある畑から足が遠のき、丹精した農地は見る影もなく荒れてしまった。

終日テレビの前で過ごすようになった房子は、洗濯物を二階の物干しに運ぼうとしてはっとした。階段を上るのに困難を感じるようになっていた。

足の筋力が急速に衰えている…。

「毎日体を動かさにゃ、わしのようになってまうぞ」

三年間寝たきりで逝った母親の声が聞こえたような気がした。

よし！房子は仏壇のリンを二つ鳴らして、その日から一時間の散歩を日課にした。

ただ歩くだけではつまらない。房子は一日五百円と予算を決めて、何かしら買い物をするのを楽しみに歩くことにした。買い物をすることで、お店の人との会話も楽しめるようになった。

途中の商店街で買った駄菓子の袋を手に、適当に横道に逸れると、見知らぬ町を旅しているみたいに胸が躍った。小さな寺の境内で子供たちが遊んでいる。駄菓子を与えると、

「おばちゃん、ありがとう」

八十歳を超えた房子を、おばちゃんと呼ぶのが愉快だった。ところがその菓子が母親たちには気に入らなかった。

「どこの人か知りませんが、徘徊老人がうちの子に訳の分からない駄菓子を与えて困っています。ああいう合成着色料の塊のようなものは食べさせたくないのです」

民生委員に苦情が入った。苦情は早速、謙一に伝えられた。迷わずに帰ってくるのだから、徘徊ではなくて散歩だろうと思ったが、お菓子の件は注意しなければならない。

「もしもし、おふくろ、知らない子供に変な菓子食べさせちゃ駄目だよ」

「子供が何か食べたんか?」

房子は菓子を買ったことも与えたことも覚えていなかった。

Explanation
解説

Story 09

「徘徊」

「自由の制限」は本人に分からない方法で

徘徊は認知症ケアの中で最も厄介な問題の一つである。在宅生活が限界を迎える原因は、たいてい火の不始末と徘徊である。高齢者が徘徊中に交通事故に遭えば、怪我《けが》をした本人はもちろん、加害者にも大変な負担をかけて、あからさまではないにせよ、批難は徘徊を放置していた家族に向けられる。被害者が施設に入所中である場合、施設の管理責任は免れない。

徘徊を防ぐために部屋の外から施錠すれば、移動の自由を奪われた高齢者は当然精神的に不安定になる。現在では物理的な行動制限は人権侵害として虐待になるため、施設によっては、フロア単位で施錠をしたり回廊型の廊下を設けたりして、閉鎖空間をゆるやかなものにしているが、行動制限であることに変りはない。

一方、幼児をベビーサークルに入れ、保育所のフェンスに施錠することを虐待と批難する人はいない。危険から身を守れない子供については行動制限が許されているのに、行方不明や交通事故の恐れのある認知症患者の行動制限が許されないことについて疑問の声があるが、これは人権の問題である。幼児は保護的制限を受けながら少しずつ自由を獲得していく未熟な存在であるのに対し、高齢者は既に長年生きてきた生活の主体者である。他律的な自由の制限は、歯がみするほどの屈辱を与え、やがて精神を荒廃させる。どうしても

Story09「徘徊」解説

制限が必要な場合は、本人にそれと分からない方法が望ましい。

それにしても認知症高齢者はなぜ徘徊するのだろうか。

人間の行動には必ず目的がある。ところが認知症患者の場合、目的地に向かう途中で往々にして目的を忘れてしまう。目的を忘れるというと不思議なことのように感じるが、何かをするために居間に来たのに、何をしに来たのか思い出せなくなるというのは一般に経験することである。それが頻繁かつ広範に起きると考えれば想像がつく。目的を忘れ、見当識《けんとうしき》障害のため帰路が分からなくなって、困惑している姿が典型的な徘徊なのである。

「あれ？ 私ここへ何をしに来たんやった？」

と居間で戸惑う本人に、

「そういうこと、あるある。それより、お母さん…キズバンドってどこにあったっけ？」

新たな目的ができれば行動は方向性を取り戻す。徘徊への対応もこの延長線上で考えるしかない。

房子の場合は徘徊ではなかった。筋力低下を予防する立派な目的があったし、自宅に戻る見当識は保持していた。しかし高齢者の散歩は徘徊に見える。徘徊と捉えられた途端に、本人の行動は奇異なものに映る。子供に菓子を与える房子の行為も、徘徊老人のものとして伝わっていくうちに次第に偏見を帯びて、やがて排除につながっていくのである。

Story 10

鍵と携帯電話

房子はまたしても携帯電話をかけてきて、玄関の鍵がないから出掛けられないと震える声で訴えた。

「確か手提げ袋に付いていましたよね？」

「袋はあるんやよ。けど鍵がない」

「鍵だけ別の場所に移したことは？」

服は？ 財布の中は？ ズボンのポケットは？ と、思い付くだけの手掛かりを並べると、

「そうだ。洗濯機のズボンかもしれん！」

房子は急に電話を切ってから何も言ってこない。気になって陽子から電話をすると、呼び出し音はその都度、「タダイマ　デンワニ　デラレマセン」というメッセージに切り替わった。

「で、どうなったんだ？」

謙一も気が気ではない。

「固定電話にかけたわよ。鍵は見つかったけど、今度は携帯電話がなくなったんだって。ふ

と置いた場所を忘れるのよね。マナーモードになってるとなかなか探せない」

「鍵と携帯電話かあ…。二つとも絶対になくしてほしくないよなあ」

という謙一の言葉がヒントになった。

翌日陽子はデパートに行って、少し値の張る洒落《しゃれ》たポシェットを買ってきた。

「これ、お母さんにプレゼントしてあげて」

「何だ、急にプレゼントって」

「一人息子からのプレゼントはきっと大事にしてくれるわよ…で、ストラップ代わりに鍵を付けた携帯電話をポシェットに入れて、首にかける癖をつけてもらうのよ」

「なるほど、電話と鍵をひとつにして身に着けていれば、出かける時は必ず携帯を持っていくってわけか！　それはいいアイデアだ」

翌週、謙一がポシェットの包みを渡すと、房子は息子からのプレゼントを喜んだ。

数日後、弾んだ声で房子から電話が入った。

「町内の集まりで、みんなから素敵なポシェットだと羨《うらや》ましがられたぞ」

それ以来、鍵と携帯電話の紛失はない。

絶対必要なものは常時身につける工夫を

アルツハイマー型の認知症は、短期記憶の困難から始まる。ごく初期は、眼鏡を置いた場所が分からなかったり、財布が見つからなかったり、伝言を忘れてしまったりと、誰もが経験する「もの忘れ」として表面化するが、やがてその頻度と質が深刻化する。同じものを何度もなくし、なくしたことを忘れてしまう。

財布や老眼鏡や玄関の鍵など、なくしては困るものが見つからない事態が度重なると、忘れないようにしようという努力を諦めて、なくしても困らないように予備を用意する。複数の財布を複数の手提げ袋に入れ、手提げ袋ごとに合鍵をひもで結わえ付ける。手近にある袋を提げて出掛ければ、玄関の鍵と財布が付いてくるという点では確かに便利であるが、手提げ袋をどこかに置き忘れた場合は結局家に入れない。それどころか袋を拾った人に合鍵が渡ってしまう。

家のあちこちに老眼鏡が発見されるようになったら、それは生活の工夫ではなく記憶困難のサインではないかと疑ってみる必要があるのである。

一人暮らしをしている房子の場合も同様の傾向があった。複数の手提げ袋だけではなく、佃煮《つくだに》の空き瓶の中に入れて冷蔵庫に保管してあるものや、郵便受けの中の天井に磁石で貼り付けてあるものも含めて、家中に十数個の合鍵があった。一つを残して鍵は全て謙一が預かったが、その結果、

Story10「鍵と携帯電話」解説

鍵の紛失を訴える房子からの電話は増えた。しかも、うろたえて電話していた房子は、鍵を探すのに夢中になるあまり、ふと置いた携帯電話の場所が分からなくなった。

離れた場所から気遣う謙一夫婦としては、携帯電話と玄関の鍵だけは絶対になくしてほしくない。安否確認と緊急時の連絡ツールとして携帯電話は必需品であり、鍵がないと訴えられても、すぐに対応するのは距離的に難しい。そこで携帯電話のストラップに玄関の鍵を付け、それを入れたポシェットを首にかけるという方法を思い付いたのである。これなら房子は、無くしてはならないもの二つを一体として常時身につけていることになる。

問題は、何でも手提げ袋に入れて持ち歩くそれまでの習慣を改めることができるかという点であった。認知症の場合、短期記憶は衰えても感情は正常である。ときに理不尽な感情が周囲を驚かすことがあるが、それはその感情が間違った記憶や失った記憶に基づいて生じているからである。謙一夫婦は房子に洒落《しゃれ》たポシェットをプレゼントした。房子にとって一人息子の謙一からのプレゼントは何より嬉《うれ》しかった。

それ以来、出掛けるときは玄関の鍵を掛ける度に息子夫婦を思い、帰ってくればポシェットから携帯電話を取り出す度にほんのりと幸せを感じた。正常な感情に刻み込まれた喜びは、最も変えることが難しい日常の習慣を改める力を持っていたのである。

Story

11

受診誘導

最近の房子の物忘れは尋常ではなかった。財布を忘れる、鍵を忘れる、同じものをいくつも買う、かけた電話も、かかってきた電話も覚えていない。

診察を受けさせたらどうかと陽子は言うが、

「昔から医者嫌いだし、第一、自分が病気だと思っていない。受診は難しいだろうな」

謙一は誰よりも房子のことを理解していた。

しかし、ゆくゆく何らかの介護サービスを受けるにしても、一度は受診して認知症と診断されなければならない。それにひょっとしたら、進行を遅らせる治療が受けられるかもしれないではないか。

チャンスは偶然やってきた。

その日、謙一が訪ねると、房子は座敷に座って途方に暮れていた。

「老眼鏡がどうしても見つからんのよ。あれがのうては新聞も読めん」

「どれ、一緒に探そうよ」

居間、寝室、台所、洗面所…。広くもない家の中を親子で隅々まで探しながら、

「この頃、どうしてこう忘れっぽいんやろ?」

房子がそうつぶやいた時がチャンスだった。

「そんなに忘れるんなら、忘れん坊が治る薬を飲んだらいいのに」

「そんな薬があるんか?」

「ああ、だけど神経に効く薬だから、一般の薬局では手に入らない。一度は病院で診察を受けなくてはならないけど…やっぱりやめておいた方がいいと思うよ」

「どうして?」

「クイズみたいな検査をされて、認知症の疑いなんて言われるのは嫌だろう?」

「忘れん坊が治る薬がもらえるんなら、それくらいのことは我慢するよ」

「本当? 本当に我慢できるのなら受診の手続きを進めるけど…」

謙一がそう言うと、

「ああ、評判のいい医者を予約してくれよ」

房子は自分から受診を希望した。

Story 11

「受診誘導」

Explanation

解説

自分から受診を希望するように会話で誘導

健康維持にとって最も大切なのは、病気を早期に発見し、早期に治療することであることは論を待たない。風邪のような簡単な病気であっても、こじらせれば深刻な状態になる。軽い症状のうちに治療するのが最も効果的である。そこで、病気になってから治療費を無料にするよりも、早期発見に力を入れる方が、高齢者にとっても保険財政にとっても得策であることに気が付いた国は、高齢期の慢性病の原因となる成人病を予防するために、四十歳以上の国民を対象に、いわゆるメタボ検診を実施する体制を整えた。もちろん認知症についても、早期に受診することの重要性が強調されているが、成人病と違って、これがなかなか難しい。

まず、早期認知症の物忘れは、病的なものなのか年齢相応のものなのかが判然としない。本人には当然、年齢相応の物忘れだと思いたい気持ちがある。日常生活にそれほどの支障がないうちから認知症などと診断されたくはないと思っている。その気持ちが分かるから、受診を勧める側にもためらいがある。

「一度医者に診てもらったら？」

と勧めるのは、

「あんた、頭、おかしいんじゃないの？」

と言うのと同じくらい失礼なことのような気がするのである。

Story11「受診誘導」解説

房子の物忘れは尋常ではない。加えて医者が嫌いである。それを知っている謙一はチャンスを待った。そして、この頃どうしてこう忘れっぽいのだろう？ と房子がつぶやくのを見逃さず、

「忘れん坊が治る薬を飲んだらいいのに」

と切り出した。しかも、そんな薬があるのかと、房子が関心を示したにもかかわらず、神経に効く薬だから一般の薬局では手に入らない。病院で診察を受けなくてはいけないが、やめておいた方がいいとブレーキをかけた。

会話には流れがある。

「クイズみたいな検査をされて、認知症の疑いなどと言われるのは嫌だろう？」

謙一にそう言われた房子は、

「忘れん坊が治る薬がもらえるのなら、それくらいのことは我慢するよ」

と答えて受診に対する垣根を乗り越えた。

人は指図されることを好まない。

三歳児が第一反抗期と呼ばれるのは、育ち始めた自我が親に指図されるのを拒むからである。

「靴を履きなさい」「嫌！」

と反抗する三歳児でも、靴を二足用意して、どっちがいい？ と選ばせると、

「こっちがいい！」

得意げに靴を履く。

自分で決めることが嬉《うれ》しいのである。

判断のプロセスが複雑になるだけで、自己決定を目指す自我の働きは、三歳児も成人も認知症高齢者も変わらない。結論を指図するのではなく、望ましい決定が期待できる会話の流れを意識することが大切になるのである。

Story 12

診察

物忘れを改善する薬がもらえるという話に望みを託して、房子は久しぶりに病院に出向いた。

「忘れん坊、治るかなあ…」

房子は認知症という言葉を巧みに避けている。

「物忘れの専門医だよ。きっと治してくれる」

謙一は受付でこっそりメモ（57ページ）を差し出した。メモは病院スタッフに本人を不安がらせない配慮を求めている。

「物忘れがご心配なようですね」

メモを見てにこやかに切り出した若い女医のほほ笑みはマスクに隠れ、患者を観察する医師の険しい両眼が房子を警戒させた。

「息子が勝手に予約してしまいまして…」

「心配してくれる息子さんがいるだけ房子さんは幸せですよ。一応、病的な物忘れかどうかだけ検査してみましょうね」

別室で房子が受けた認知症の簡易検査の結果は認知症を疑わせるのに十分だったが、百から七を順番に引けとか、野菜の名前をできるだけたくさん言えといった、小学生に尋ねるような質問に房子はひどく傷ついたようで、脳の写真を撮ろうと言う医師の提案に猛烈に反撃した。

「八十歳を過ぎたんやから物は忘れますが、私は誰にも迷惑をかけずに一人で暮らしとります。これ以上の検査は受けとうありません」

「いいえ、房子さん、この点数だと病的なものかも知れませんので…」

房子は医師を睨《にら》み付けた。これからの人生を、物忘れをする度に、病気なんだ…進行するんだ…と怯《おび》えて暮らすのが一番恐ろしい。

「迷惑をかけるようになったら施設でもどこへでも入る覚悟はできています」

房子の剣幕に医師も謙一もたじろいだ。誰よりも不安を感じているのは房子自身だったのだ。

「おふくろの気持ちは病院でよく分かったから、気の済むようにしたらいい。その代わり火の始末だけは気を付けるんだぞ」

二日後に謙一が電話をすると、

「え? 私、病院に行ったか?」

房子の明るい声が返ってきた。

Story 12
「診察」

Explanation
解説

病院の受付でメモの活用

　感情はエネルギーを持っている。生起した感情の持つエネルギーが外に向かって放出されれば、言動はもとより、声量、抑揚、テンポ、表情、態度、髪型、ファッションに至るまで、本人の自覚を超えるほど多様なツールを動員して表現される。一方、放出される道を閉ざされてエネルギーが内に向かえば、うつ病を初め、胃潰瘍、不整脈、高血圧など、たくさんの体の不調になって現れるのである。

　感情は知性と連動しているから、知的な発達程度に応じて、生起する感情の複雑さも表現も変化する。魚やトカゲの様な原始的な生き物に刺激を与えると、恐怖というよりも、ほとんど反射に近い反応で素早く刺激から遠ざかる。これがイヌやネコ程度に高等になると、与えられた刺激に応じて、怒りや恐怖、信頼や満足などの分化した感情を、表情、姿勢、鳴き声、尻尾の動きなど、あらゆる手段を用いて表現する。人間のような知的な存在に至っては、感情も表現もこの上なく複雑になる。上司の物言いに腹が立っても、感情的になっては評価が下がると判断するや、怒りに満ちた心を隠してにっこり笑ってみせたりするのである。

　私たちは、情報と感情を同時に表現しながら、人と関係を結んでいる。「おはようございます」と、抑揚も表情もなく挨拶《あいさつ》をすれば、無視はしないが友好的になるつもりもないという関係が成立する。伝えたい情報と感情は、常にセットで表現されるのが理想なのである。

　高い心理的垣根を越え、平静を装って診察を受ける初期の認知症高齢者の心の中は、不安と緊張で張り裂けそうになっている。房子もそのようにして受診した。謙一のメモを読んで患者の心の機微を心得た担当医師は、物忘れがご心配なようですね、と柔らかく切り出した。

「息子が勝手に予約してしまいまして…」

Story12「診察」解説

暗に自分は検査の必要性を感じないという情報を伝える房子の心中をおもんぱかって、「心配してくれる息子さんがいるだけ幸せですよ。一応病的な物忘れかどうかだけ検査してみましょうね」

担当医師はそう受け答えしたまではよかったが、にこやかな表情がマスクで隠れていたために、房子は警戒心を解けないまま検査に臨むことになった。

目は知性を表し、口は品性と感情を表す。マスクで口を隠した人が理知的に見えるのは、その表情の中に品性も感情も窺《うかが》い知れないからである。温かい心情を伝えたいのであるならば、笑顔を表現する最も効果的なツールである口元を白い布で覆い隠すのは得策ではない。ましてや、それが我が身を病原菌から守るためのマスクであるとしたら、保菌者のように扱われる患者との間に、微妙ではあるが埋め難い距離が生じるのは否めない。

簡易検査への誘導も、「簡単なクイズのような質問が続きますが、私がやってもなかなか解けないものなのですよ」という一言があれば、房子の拒否はもう少し穏やかだったかもしれないのである。

お願い

本日、脳の検査を受ける鈴木房子の息子です。

母はつい今しがたのことも覚えていません。家族の目から見ても認知症です。でも本人は認知症と診断されたくないと思っています。

誰もが受ける検査をして、服薬で改善できる物忘れかどうか調べてもらおうということで、ようやく説得して検査に参りました。

結果がどうあろうと、本人には年齢相応の状態だと伝えて下さい。

説明は家族がお伺いします。

以前、骨粗しょう症と診断されたら、ふさぎ込み、牛乳ばかり飲んでいたことがありました。神経質で臆病なのです。認知症と告げられれば、本人は性格的に悲観して「うつ状態」になることが予想されます。本人には脳に悪い病気がないか確かめただけだという流れでお話し下さい。

どうか事情をお汲み取りくださって、よろしくお願いいたします。

このメモはカルテの目につく場所に貼り付けておいて下さい。

○○先生　　平成○○年○月○日　　鈴木謙一

※受診前に受付で担当医宛に渡した謙一のこっそりメモ

Story 13

嘘《うそ》

またしても現金がないという房子からの電話に、謙一は語気が荒くなるのを抑えるのが精一杯だった。

「この前、今月分の十万円を渡したばかりだぞ。あの時は確か冷蔵庫のプラスチック容器の中に保管した。おふくろは一カ所に置いておくのが心配になって別々の場所に隠しては忘れてしまう」

と言い終わらぬうちに、

「あった、あった。タンスの底にあった」

そう言って携帯電話は切れた。

検査を拒んで以来、房子の脳の状態は確実に悪い方向に進んでいる。

「治療はもちろん、近い将来、介護サービスを受けるためにも、きちんと脳の写真を撮って、診断を受けた方がいいわよね」

「その写真が難問なんだよな。昔からおふくろは医者が嫌いだからさ」

謙一も陽子も頭を悩ませたが、

「あ！」

確か房子の同級生で、元県会議員の石川照枝が、息子の顔も分からないほど認知症が悪化して、陽子が栄養士として勤務する老人施設に入所していることを二人同時に思い出した。

次の日曜日、房子を訪ねた二人は、

「そう言えば、石川照枝さんって、おふくろの同級生だったよな？」

「頭のいい人で、県会議員まで勤めたはずやよ」

「陽子の勤める施設にいるんだって、な？」

「ええ、息子さんの顔も分からないみたい」

「あんな優秀な人が、どうしてまた？」

「物忘れの段階で治療を受けなかったんだね」

「優秀な人ほど医者を嫌うのよ。早いうちに脳の写真を撮って、薬を飲めばよかったのにね」

嘘を交えた二人の掛け合いに房子が反応した。

「やっぱり、おかしいと思ったら、ちゃんと医者にかからんといかんなあ」

「おふくろは今度の検査、忘れないでくれよ」

「ん？ 検査って、いつやった？」

また連絡するけど、確かもうすぐだよという謙一の言葉に房子は素直にうなずいた。

Story 13

「嘘」

Explanation
解説

認知症の患者には「優しい嘘」でケア

私たちは嘘をつくのは良くないことだと教えられて大人になった。嘘をつけば相手を傷つけるだけでなく、当然自らも信用を失い、信用できない人間を社会は相手にしない。嘘が蔓延《まんえん》すれば社会の秩序は崩壊する。取り交わす契約書に嘘があってはならないし、約束は守らなくてはならない。互いに嘘をつかないことを前提に商取引社会は成立している。だから窃盗罪が十年以下の懲役または五十万円以下の罰金であるのに対し、利益を得るために相手をだました詐欺罪には罰金刑がない。嘘は盗みより重く罰せられるのである。

一方で世の中には、処罰の対象にならない嘘が溢《あふ》れている。映画も小説も昔話もたいていは嘘だし、近所の人から、いいお天気ですね、と挨拶《あいさつ》されて、内心はそろそろ雨が降ればいいと思っていながら、気持ちのいいお天気ですねと返すのも小さな嘘である。つまり悪意ではなく、真実を表現したり、相手を楽しませたり、人間関係を円滑にするための「嘘」は、おおらかに認められている。

認知症は約束ができない。約束したことを忘れてしまう。認知症に対する理解は、忘れることが症状だと認識することから始めなくてはならない。忘れる人を相手に、互いの関係を壊さないように付き合おうとすると、どうしても「嘘」が必要になる。

「約束したじゃないか!」

と腹が立っても、そんな約束はしていないと否定されたら、

「あ、そうかそうか。おれの勘違いだね」

と返せば、本人は混乱を免れる。これは本人との関係を円滑にするための嘘なのである。

勇気を出して受けた簡易検査でプライドを傷つけられた房子は、医師が勧める脳の写真造影を拒んだ。治療はもちろん、介護保険サービスを利用するためにも正確な診断は欠かせないが、謙一は無理強いをしなかった。そして日を改めて、世間話のような何気なさを装って、房子の同級生の近況を話題にした。県会議員まで務めた出世頭は、認知症が進行して、もう息子の顔も分からなくなっているという話を聞いて、

「あんな優秀な人が、どうしてまた？」

と驚く房子に、

「物忘れの段階で治療を受けなかったんだね」

謙一はそう返し、

「優秀な人ほど医者を嫌うのよ。早いうちに脳の写真を撮って薬を飲めばよかったのに…」

陽子が絶妙なタイミングで相槌《あいづち》を打った。

初期の認知症患者は物忘れの進行を自覚している。直接指摘されれば傷つくが、他人の近況は冷静に聞くことができる。

「やっぱり、おかしいと思ったら、ちゃんと医者にかからんといかんなあ」

房子の心が受診に傾くのを見逃さず、

「おふくろは今度の検査、忘れないでくれよ」

謙一はまた一つ優しい嘘をついたのである。

Story 14

ＭＲＩ

脳のＭＲＩ（磁気共鳴画像装置）検査を予約してからというもの、謙一と陽子は毎日のように房子に電話を入れた。苦労して取り付けた房子の同意など、「そんなことは聞いていない」の一言で消えてしまう。

「飛騨の友達から、おふくろの好物の漬物が届いたから、検査の日に持って行くね」

「検査の日は夕食を奮発しようと思うけど、お母さんはやっぱりお寿司ですよね？」

「季節が変わるから、検査の帰りに隣町まで足を延ばして服を買おうよ」

電話では、検査を前提にして、房子の喜びそうなことばかりを話題にした。

受診当日は、陽子の提案で、謙一の子供の頃のアルバムを持って出掛けた。

「この頃の謙一はよく病気をしてねえ…」

「あ、このセーターは私が編んだんやよ」

陽子がページをめくる度に、検査などすっかり忘れて、房子は古い写真の説明をした。

カルテには前回のメモが貼ってあるから、病院スタッフが不用意なことを房子に伝えることはない。廊下の長椅子で待っていると、認知症の早期発見を促す壁のポスターが目に入り、危うく房子の不安を呼び覚ますところだったが、ここでも古いアルバムが大いに役に立った。

やがて名前を呼ばれた房子は、検査室に入る直前に子供のような顔で謙一を見た。房子を伴って出てきた検査技師には連絡が行き届いていなかったのか、

「一番の診察室の前でお待ち下さい」

検査結果の説明がありますと言おうとしたが、言い終わらぬうちに、陽子が携帯電話を取り出した。

「え？ 節子が病院まで来てくれるの？ それじゃ夫とお母さんには先に帰ってもらうね」

懐かしい友人がお茶に誘ってくれたのだと謙一に目配せした。房子に検査結果を聞かせないために咄嗟《とっさ》に出た嘘だった。

後に残って陽子は医師の説明を受けた。

病名はアルツハイマーで、海馬という記憶をつかさどる脳の部位の九割が萎縮していた。

Explanation
解説

Story 14

「MRI」

本人を不安にさせないくふうの数々

認知症患者は約束が苦手である。約束したこと自体を忘れてしまう。約束を維持しようとすれば、忘れないように念を押す必要があるが、頻繁に約束の確認を求められるのは決して愉快なことではない。認知症患者は、記憶力は衰えても感情は保たれている。むしろ記憶が曖昧である分、感情を頼りに行動していると考えた方がいい。

あらゆるものを哲学的に疑ってみたデカルトが、疑っている自分の存在だけは否定することができなかったように、人間が究極的に自己に属するものとして大切にするのは、自分の思考であり感情なのである。

ところが、思考の大半は記憶に基づいて展開されている。記憶が損なわれると思考は混乱する。思考の混乱は不安を生み、人間は不安に駆られた状態で合理的行動を取るのは難しい。従って、認知症のケアに携わる側に求められるのは、思考の混乱を不安に転化させない配慮になる。そこで謙一夫婦は、本人にとって気分のいい話題の中に、さり気なく約束を紛れ込ませることにした。

「飛騨の友達からおふくろの好物の漬物が届いたから。検査の日に持っていくね」

「検査の日は夕食を奮発しようと思うけど、お母さんはやっぱりお寿司ですよね?」

いずれも検査を受けることを前提に楽しい話題が提供されている。

Story14「MRI」解説

「来週は検査だから忘れないでね」

「検査は予約がしてあるんだから、当日になって嫌だなんて言わないでよ」

こんな言い方をしたのでは、約束の確認という目的は同じでも、房子の感情は否定的になる。

さらに陽子は、検査当日の房子の不安を逸らせるために、謙一の子供の頃のアルバムを持参した。

認知症患者の脳は、新しい記憶は不得意でも、古い記憶は保たれている。懐かしい思い出話をするとき、記憶は鮮明に蘇《よみがえ》り、思考は混乱を免れ、表情は生き生きする。回想療法が着目したこの効果を、陽子は房子の意識を検査の不安から逸らすために利用した。

前回の診察の時に受付に差し出したメモがカルテに貼ってあるため、不用意に本人に診断名が伝えられる心配はないはずだった。ところが検査を終えた検査技師はいつもの習慣で、

「一番診察室の前でお待ち下さい」

検査結果の説明がありますと言おうとした。

当然房子は結果を聞くものと身構えたが、検査技師の言葉に重ねるように陽子が携帯電話を取り上げた。

「え？節子が病院まで来てくれるの？それじゃ夫とお母さんには先に帰ってもらうね」

陽子に目配せされた謙一はすぐにその意図を察した。謙一は房子を車に乗せて先に帰り、残った陽子が医師からの説明を受けた。

一定の意図を持って行われる認知症ケアは、複数の人が関わる場面では周到な配慮と反射神経が求められるのである。

Story 15

要介護認定

謙一は、房子がアルツハイマー型の認知症と診断された以上は、家でテレビばかり見ていたのでは刺激が不足すると考えた。要介護認定を受け、デイサービスでも利用して、他人と交流する機会を持てば、房子の脳も少しは活性化するのではないかと思うのだが、

「どこも悪うないのに、何を認定してもらうんや？ 私はもう他人にいろいろ聞かれとうない」

房子は認知症の簡易検査を受けた事実は忘れていても、屈辱感だけは覚えていた。

「どうしよう…」

考えあぐねた謙一の耳元で、

「保険証の切り替え手続きがあるとでも言ったらどう？」

陽子が声を落として言った。なるほど、要介護認定と言えば物々しいが、保険証の切り替えなら不審な印象はない。

陽子の提案通り、

「もしもしおふくろ、介護保険証はある？」

と聞くと、

「保険証？」

房子はにわかに保管場所が思い出せない。

「保険証の切り替えがあるから用意をしておくように役所から連絡があったんだよ」

「介護保険なんて、年金から高い保険料が差し引かれるだけで使ったことがない」

「そういう人が、必要な時にサービスを使えるようにするための切り替えらしい。役所の職員が暮らしぶりについていろいろ質問するけど、この前のようなクイズじゃないそうだ」

「役所が来るなら仕方がない」

房子はあっけないくらい簡単に認定調査を受け入れた。

「物は言いようというけれど、保険証の切り替えはいいアイデアだったなあ…」

と謙一が言うと、

「私たちも年を取って分かんなくなると、子どもたちから嘘《うそ》ばかりつかれるのね、きっと」

陽子は寂しそうに笑った。

要介護認定は保険証の切り替えで

認知症患者にとって、介護保険サービスを受けるためには、避けて通れない二つの関門がある。かかりつけ医の診断と要介護認定である。

理想論を言えば、まずは相談窓口で本人に、自分は認知症であるという自覚を促し、それを証明するための医師の診察を受けさせる。次に日常生活を営むために、何が不自由でどんな支援が必要なのか、本人と一緒に考えて、利用可能なサービスを検討する。その上で、サービス利用の最初の手続きとして要介護認定を受けるという手順になる。インフォームドコンセントという言葉を持ち出すまでもなく、サービス利用の当事者はあくまでも本人であり、決定のプロセスに当事者が参加するのは今日では常識になっている。

ところが現実は理想通りには進まない。

年齢相応の物忘れだと思いたがっている初期の認知症患者に診察を受けさせる困難と工夫については、「受診誘導」（50ページ）で紹介したが、通常本人には認知症であるという自覚がない。認知症かもしれないという不安を抱いていたとしても、胃に不快感を覚える人ががん検診を恐れるように、本人は認知症と診断されるのを好まない。そこで、心理的抵抗のない方法を工夫して、何とか受診にこぎつけ、認知症という診断名を本人に伏せた場合、そこから先は、あらゆる介護保険サービスの手続きを本人不在で進めることになる。

Story15「要介護認定」解説

謙一夫婦は、房子に無為に一日を過ごさせないために、デイサービスに通わせたいと考えた。プライドの高い房子が、素直にデイに通うかどうかは未知数であるが、要介護認定を受けなければ介護保険給付は発動しない。そこで謙一は陽子の提案に従って、房子に介護保険証はあるかと尋ねた。もちろん記憶を想起する能力に問題のある房子は、保険証の保管場所が思い出せない。

「保険証？」

戸惑う房子に謙一は、

「保険証の切り替えがあるから用意をしておくように役所から連絡があったんだよ」

役所の権威を利用した。

「年金から高い保険料を差し引かれるだけで介護保険なんて使ったことがない」

だから保険証の保管場所が分からないのだと言わんばかりの房子の返事を受けて、

「そういう人が、必要な時にサービスを使えるようにするための切り替えらしい。役所の職員が暮らしぶりについていろいろ質問するけど、この前のようなクイズじゃないそうだ」

病院で受けた屈辱的な簡易検査ではないことにほっとした房子は、あっけないくらい簡単に認定調査を受け入れた。

「私たちも年を取って分かんなくなると、子どもたちから嘘ばかりつかれるのね、きっと」

という陽子の感慨は、認知症患者のケアをスムーズに行おうとする者が払わなくてはならない代償と言えそうである。

Story 16

防火

検査結果によると房子の脳は、短期記憶を司る「海馬」という部位の萎縮が著しく、診断は典型的なアルツハイマー病だった。

「ということは… 火だ！ やっぱり火が心配だよ」

今にも房子が火事を出すような不安に襲われてうろたえる謙一を、

「出掛けるときは家中のコンセントを全部抜いて行く用心深さだもの、まだ大丈夫よ」

慰める陽子の胸にも心配が炎のように広がって行く。

「おふくろに火を使わせないためには、どんな方法があるだろう？」

ガスコンロはＩＨコンロに替える。お茶は電気ポットで沸かす。それから、それから…

「給食を取れば調理の回数は減る！」

どれも房子の承諾なしには進まないことばかりだったが、

「不自由していないのに、もったいない」

房子の返事はにべもなかった。

「お母さん、言い出したら聞かないよね」

「幸い、そのことも忘れてるさ」

「そうだ！もったいない…がキーワードよ」

陽子の考えは的中した。

「俺んちで使ってる電気ポット、大きいのに買い替えたら、小さいのが要らなくなったんだ。もったいないから使ってくれないか」

と頼むと、房子は抵抗なく受け入れた。

「別居している八十歳以上の親が給食を取ると、職場から費用が助成されるんだよ。もったいないから使ってよ」

という嘘《うそ》に、房子は目を輝かせた。

ＩＨコンロは東京に住む和彦の力を借りた。

「ばあちゃん、俺さあ、職場の宴会のビンゴゲームで電磁調理器が当たったけどさあ、一つ持ってるから、お父さんのとこへ送っとくね。もったいないから使ってよ。便利だから」

「そりゃ、おまえ、運が良かったなあ。使い方はお父さんから習うからね」

久しぶりの和彦からの電話に房子の声は弾んでいた。

Story 16

「防火」

Explanation

解説

「もったいない」がキーワード

独居の高齢者に認知症が疑われる場合、離れて暮らす家族にとって一番の心配は火の不始末である。本人はもちろん、隣家が類焼すれば取り返しがつかない。最後まで住み慣れた我が家で暮らせる地域を目指していたはずの行政は、小火《ぼや》を出した途端に、手のひらを返したように施設入所を迫る。小火など出さなくても、出火の可能性があるというだけで隣家は慢性的な不安を抱えることになる。

「出掛けるときには家中のコンセントを全部抜いていく用心深さだもの、まだ大丈夫よ」

とは言うものの、問題はガスである。

お茶を沸かしているときに電話が鳴れば、ガスコンロのことを忘れてしまう。干物を炙《あぶ》っているときにトイレに立てば、火を付けていたことを忘れてしまう。

運よく気がついて、

「お、忘れてた」

と言いながら慌てて火を止めたとしても、本人の頭の中に残るのは、危うく火事を出すところだったという危機感ではなく、ちゃんとガスを止めたという自信であり、そのこと自体を記憶から消してしまう病的な健忘である。防火対策は、一人暮らしの高齢者が自宅で住み続けるための絶対条件なのである。

房子が火を使う機会を減らすために、謙一夫婦

Story16「防火」解説

は三つの方法を考えた。やかんを電気ポットに換える、給食を取る。ガスコンロをＩＨコンロに換える、ところが認知症患者は、現状の変化には一様に抵抗を示す。新しい環境に適応するのは苦手である。とりわけ操作方法の変更には耐えられず、新しいスイッチの位置やボタンの順序などは記憶できない。ましてや、戦中戦後の欠乏時代を生きた房子には「もったいない」という精神が染み付いている。給食を取ったり、まだ使えるやかんやコンロの新調を簡単に受け入れるとは思えない。

そこで陽子の提案で、二人はむしろ房子の持っている、もったいないという気持ちに働きかけることにした。

「俺んちで使っている電気ポット、大きいのに買い替えたら、小さいのが要らなくなったんだ。もったいないから使ってくれないか」

「別居している八十歳以上の被扶養者が給食を取ると、職場から費用が助成されるんだよ。もったいないから使ってよ」

「ばあちゃん、俺さあ、職場の宴会のビンゴゲームで電磁調理器が当たったけどさあ、一つ持ってるから、お父さんのとこへ送っとくね。もったいないから使ってよ。便利だから」

全ては、もったいないを演出するための嘘である。とりわけ電磁調理器を使わせるために孫の和彦がかけた電話は房子を喜ばせた。

「そりゃ、おまえ、運が良かったなあ。使い方はお父さんから習うからね」

こうして房子は気持ちよく息子夫婦の提案を受け入れたのである。

Story
17

請求書

房子が給食を取り始めて一カ月が経った。

「四時には給食が届くよ」

「今日は日曜日だから給食は来ませんよ」

謙一か陽子のどちらかが決まった時間に電話をして給食を意識させた甲斐あって、

「給食はありがたいぞ。毎日違った献立で、ちゃんと年寄り向きに味付けがしてある」

給食を楽しみにし始めていたはずの房子から、ある日、大変な剣幕で電話がかかってきた。

「給食はこんなにカネがかかっとるのか」

「どうしたんだよ、おふくろ。給食の費用は会社から出るって言っただろ?」

「食事ぐらい自分で作れる。月に一万円もかけて給食を取るなんてもったいない」

「火が心配だから給食にしたんだぞ。何だって急にそんなこと言い出したんだ?」

「請求書が届いたんだよ、一万円も…」

「おふくろは支払わなくていいんだよ」

「とにかく、給食は断っとくれ！」

房子には取り付く島もない。

こうなると、親子は始末が悪かった。

「分かった。それじゃ断るからな」

危うく売り言葉に買い言葉になるところで、陽子が携帯電話を奪った。

「お母さん、陽子です。謙一さんはお母さんのことが心配なんですよ。一人暮らしは食事が偏るけど、給食ならきちんと栄養が取れるって、そりゃあ喜んでいたんです。ね？お母さん。費用は謙一さんの職場から出るんだし、謙一さんのためだと思って、給食、続けて下さいよ」

お願いします…と、嫁に頼まれたのでは、さすがの房子も断れない。

「あんたがそこまで言うのなら…」

ひと月だけだぞ、と言ったことを房子は忘れてしまい、やがてふた月になる。

請求書の送付先は謙一の自宅に変更されたのは言うまでもない。

Story 17

「請求書」

Explanation

解説

自分が大切にされているという実感が心を動かす

一般に高齢期になれば収入が減少する。潤沢な資産収入や貯えがある恵まれた高齢者は別として、現役を退いて年金生活を始めたごく平均的な高齢者は、行く手に待ち構える病と介護と死に備えて出費を抑制する。クーラーを我慢し、ガスを節約し、食費を切り詰める生活習慣を長きにわたって継続した高齢者が認知症になれば、一層頑なにそれまでの生活信条に固執する。ましてや、戦中戦後の欠乏期を経験した高齢者にとって、節約は美徳という範囲を超えて、わずかな浪費すら悪なのである。国民年金以外に収入のない単身高齢者が亡くなったあとに、多額の貯えが見つかって遺族を驚かすのは、爪に火をともすような長年の節約生活の結果なのである。ここに金銭負担を伴うサービス提供の難しさがある。

介護保険を手始めに、契約による福祉サービスの購入がスタンダードとなった今、インフォームドコンセントと言って、十分な説明に基づいて当事者によるサービス購入の意思決定がなされることが絶対条件になった。しかし、初期の認知症高齢者は、二つの理由によってこの対象から外れることが多い。一つには病識が欠如しているために、肝心の本人がサービスの必要性を感じていないという点である。房子の場合も、謙一夫婦が心配するほどには火の不始末を心配していない。従って、必要のない給食を取って、その費用を支出するの

Story17「請求書」解説

は浪費ということになり、浪費は長年守って来た生活信条に反する。これが二つ目の理由である。

謙一は業者に給食を申し込むに当たって代金を謙一の通帳からの引き落としにした。房子には、費用は勤務先から助成されると信じ込ませた。これで房子は、代金について意識しないまま給食を食べ、結果的に火を使う機会が減るはずだった。

ただ一点、請求書の送付先を謙一にするよう依頼し忘れたために、届いた請求書の給食代金を見て房子の生活信条が反応した。

「給食はこんなにカネがかかっとるのか」

「月に一万円もかけて給食を取るなんてもったいない」

「とにかく給食は断っとくれ！」

親子の感情は容易に反転する。

「分かった。それじゃ断るからな！」

謙一が決定的な一言を発するのを危うく防いだのは陽子だった。陽子は、給食を取る目的を、防火から栄養の確保に変えた。

「謙一さんはお母さんのことが心配なんですよ。一人暮らしは食事が偏るけど、給食ならきちんと栄養が取れるって、そりゃあ喜んでいたんです」

謙一のために給食を続けてほしいと懇願されて、房子の心が動いた。節約を良しとする房子の生活信条を超えたのは、結局、自分が家族から大切にされているという実感だったのである。

Story
18

母の役割

房子の家にＩＨコンロを取り付けに行く日、謙一は上機嫌だった。給食は定着したし、電気ポットも使いこなしている。これでガスコンロをＩＨコンロに替えれば、火の心配は無くなる。

「和彦のビンゴの賞品というのはよかったなあ」

「あの子、私たちが認知症になったら、今度は私たちに嘘《うそ》をつくのかな？」

「認知症への嘘は、介護者の知恵だと思うよ」

そんな会話を交わしながら出掛けただけに、いざコンロを付け替えようとした時の房子の反応には二人とも激しく落胆した。

「おい、どうしてコンロを替えるんや？」

房子は孫からの電話を覚えていなかった。

コンロは和彦のプレゼントであることと、これなら火の心配がないことを丁寧に説明しながら、ガス管を外し終えると、

「おまえたちが帰ったらまたガスに付け替える。それくらいのことは私にだってできるからな」

二人を睨《にら》む房子の険しい顔に、謙一は慌ててもう一度ガス管を繋《つな》ぎ直した。不完全に繋がれたのではもっと危ない。

「それじゃ、両方付けておくからね。できるだけ電気の方を使うんだよ」

帰宅後、出掛ける時とは別人のようにため息をつく謙一を見て、たまりかねた陽子は房子に電話をかけた。

「お母さん、ＩＨコンロ、使って下さいね」

「もうその話しは聞きとうない。私は健康やし、おまえたちが思うほど物忘れもひどうない」

「謙一さん、今、喘息《ぜんそく》の発作で苦しんでますよ」

「どうしてまた？ さっきは元気やったのに」

「ストレスが喘息に一番悪いんですって。電気を使ってくれれば安心だとあんなに喜んでいたのに、帰りはがっかりしちゃって…」

謙一さんを労《いた》わるのは健康なお母さんの役割じゃないですかという陽子の言葉に、

「そうか…私にはまだ役割があるか…」

謙一には電気のコンロを使うようにするから安心しろと伝えてくれと言って電話は切れた。

二人はまた一つ房子に嘘をついた。

Story 18

「母の役割」

Explanation
解説

時には喘息の発作を装って

認知症の高齢者ばかりが暮らす施設を見学した時のことである。後ろに女の子の人形を背負い、前に男の子の人形を抱いて、よしよしとつぶやきながら廊下を行ったり来たりしている女性がいた。細ひも一本でくくりつけられた背中の人形の胴体は腰から後ろに折れ曲がり、バンザイをした両腕の間で金髪が逆立っていた。やがて女性が向かった居室には、敷きっ放しの布団の上にもう一体男の子の人形が横たわっていた。女性はその横に二つの人形をそっと寝かせて一旦は部屋を出たが、すぐに取って返すと、再び女の子を背負い、男の子を抱いて、廊下の往復を始めた。彼女には社会的に立派な地位にある二人の男の子と一人の女の子がいるが、

「面会はないのですよ」

職員はそう言って気の毒そうに女性を見た。

施設は認知症の高齢者に調理をさせる実践で有名だったが、昼食の準備のために、食材を切ったり、炒め物をしたりと、厨房《ちゅうぼう》で喜々として得意な作業に従事する女性たちを尻目に、厳しい顔の男性が小手をかざして立ち尽くしていた。

「若い頃、ああして舟のへさきに立って魚の群れを見つける仕事をしていらしたのですよ」

その時男性の目は日本海の海原を見つめていたに違いない。

人は周囲から期待されなくなると、輝いていた

Story18「母の役割」解説

時代の役割に戻ってゆく。

孫からの電話で喜んでＩＨコンロを受け入れたはずの房子は、謙一がガスコンロと交換しようとすると激しく拒んだ。長年の生活習慣を無理やり変更させられるのは屈辱であるという認識が謙一に欠けていた。謙一は、ＩＨコンロが和彦からのプレゼントであることと、それを使えば火の心配がなくなることを穏やかに説明したが、房子は肝心の和彦との電話のやり取りを覚えていなかった。そもそも覚えていられないから問題が起きていて、覚えていられないから改善が難しいのである。時間をかけてようやく行動変容にこぎつけたつもりでいても、本人の忘却によって努力は簡単に覆る。

「おまえたちが帰ったらまたガスに付け替える」

という房子の剣幕に、

「勝手にしたらいい！」

火事になっても知らないぞ、と応酬したのでは謙一はもう房子に関われなくなってしまう。

「それじゃ両方付けておくけど、なるべく電気を使うんだよ」

穏やかに対応して帰宅したものの、落胆から立ち直れない謙一の様子に、陽子は思いがけない角度から援護した。

その晩、謙一が喘息発作に苦しんでいると聞かされた房子は、謙一を労わるのはお母さんの役割だと言う陽子の言葉に、

「そうか…私にはまだ役割があるか…」

輝いていた母親時代の役割を思い出したのである。

Story
19

悲しい諍《いさか》い

房子の家のガスコンロに煮物をしたままの鍋を発見して片付けた夜、

「ねえ。結局、お母さん、ガス使ってるよね」

陽子の口調は珍しく険しさを帯びていた。

「ああ、ＩＨコンロは無理みたいだな。認知症の高齢者向けに、ガスコンロと同じ操作方法のＩＨコンロを開発してもらいたいよ」

謙一が当たり障りのない返事をしたのがいけなかった。

「何のんきなこと言ってるの。火事出したら大変なことになるのよ」

陽子は表情まで険しくなった。

「ま、出掛ける時には必ず元栓を閉めていく習慣だから、大丈夫だと思うけど…」

「あなたはそこが甘いのよ。できていたことが突然できなくなるのが認知症なんだから」

「分かってるよ。だからガスを電気に替えていこうとしてるんじゃないか」

「その電気が使えなくてガス使ってるんじゃないの。もっと真剣に考えなきゃ」

「真剣にと言ったって、小火《ぼや》を出したわけじゃないし、無理やり施設に追いやるわけにはいかないぞ」

「私が施設に追いやろうとしてるって言うの？私のことそんなふうに思ってるの？」

「だっておまえのように、どうにもならない火の心配を言い募れば、すぐにでも施設に入れろと言ってるようなものじゃないか」

「すぐなんて言ってないわよ。そういうことも視野に入れなきゃと言ってるの」

「俺だって考えてるさ。問題はその時期だよ」

「ねえ、私は無理やり施設に入れようとする冷たい嫁で、あなたはお母さんの優しい一人息子って構図、やめてくれる？」

私、関わらないようにしてもいいのよ、という売り言葉に陽子自身が傷つき、

「ああ、もう関わってくれなくていい！」

という買い言葉に謙一自身が傷ついていた。

仲の良かった夫婦の間に、最近こんな悲しい諍いが増えている。

Story 19

「悲しい諍い」

Explanation

解説

言葉の背後の感情に気をつけて

会話というものが、交わしている言葉通りのやりとりで成立しているのであれば、私たちの暮らしは極めてシンプルである。

「今日も遅くなるの？」

と尋ねる妻の言葉を額面通りに受け止めて、

「ああ、仕事が山積みなんだよ」

と答えれば、

「体に気をつけてね。心配してるんだから」

夫婦の間には細やかな情愛が通う。

しかし妻の言葉の背後に、遅い帰宅に対する批難を読み取ると、

「仕事だから仕方がないだろう」

夫の返事は憮然《ぶぜん》としたものになって、

「先に寝てるから、帰ってきても何か食べるなんて言って絶対に起こさないでよ」

いきおい妻の言葉も険悪なものになる。

会話で交わされているのは言葉だけではない。互いに言葉の背後にある感情を読み取って反応しているのである。

ガスコンロに煮物の鍋を発見した謙一は、ＩＨコンロを使わない房子に対して激しく落胆した。近隣が失火の不安を募らせ始めたら、房子の在宅生活はあっけなく限界を迎える。しかし、自分はしっかりしていると思い込んでいる房子がやすやすと施設に入るとは思えない。

困惑した謙一は、

Story19「悲しい諍い」解説

「結局、お母さん、ガス使ってるよね」

という陽子の言葉の背後に、これからどうするつもりなの！という糾弾の匂いを嗅ぎ取ったが、

「ガスコンロと同じ操作方法のＩＨコンロを開発してもらいたいよ」

当たり障りのない返事をしてやり過ごした。

すると今度は陽子が、その言葉の背後に、嫁の不安に真摯《しんし》に向き合わない夫の無理解を読み取った。そして、心配して言ってるんだから真剣に考えてよと言う代わりに、

「何のんきなこと言ってるの。火事出したら大変なことになるのよ」

裁判官の席から発言した。

「出掛ける時には必ず元栓を閉めていく習慣だから、大丈夫だと思うけど…」

「あなたはそこが甘いのよ。できていたことが突然できなくなるのが認知症なのよ」

房子を心配する夫婦の立場は同じであるにもかかわらず、一度掛け違えたボタンは次々とずれていく。そして、

「無理やり施設に追いやるわけにはいかないぞ」

という謙一の言葉に、

「私が施設に追いやろうとしてるって言うの？私のこと、そんなふうに思ってるの？」

二人のずれはとうとうお互いの人格否定に達して行き場を失った。

「私、関わらないようにしてもいいのよ」

「ああ、もう関わってくれなくていい！」

この種の会話の結末は、大抵双方が深手を負って気まずい幕を引く。回復は、房子の変化を悲しみ、途方に暮れているお互いを確認するところから始めるしかなさそうである。

Story 20

陽子の気持ち

担当ケアマネジャーから、台所の様子はどうですか？と聞かれ、

「はい。今日も期限切れの生魚と煮物のパックが机の上に放置してありました」

と答えた陽子の言葉にかぶせるように、

「捨てるつもりで冷蔵庫から出して、忘れてしまったんですね」

謙一がそうつけ加えたのがいけなかった。

「私はお母さんの問題行動を言い募る嫌な嫁で、あなたは常に優しい理解者ってことよね」

その晩、思い詰めたように陽子が言った。「え？」

「だってそうじゃない。机の上のパックを指摘する私の言葉を、あれは処分しようとしたんだってあなたが言えば、お母さんは正常な人で私は嫌な嫁になるでしょ？」

「お、俺はただ…」

「ケアマネさんにお母さんの問題行動を分かってもらうための話し合いだったんじゃない

の？」

「問題行動には必ず理由があるよ。それを考察するのが大切なんじゃないか」

「理由はお母さんに聞けばいいのよ。あなたのは推察でしょ？」

「本人は覚えていないから推察するんだろ」

「ほら、また庇《かば》う。そうやってお母さんの立場で推察することで、結局あなたはお母さんを庇っているのよ。私が指摘してあなたが庇う。他人の前で夫に否定される妻の気持ち、あなたに分かる？」

「否定するつもりはないよ。食卓にパックを放置する訳を一緒に考えてくれたらいいだろう」

「そんなふうに好意的に推察してたら、問題はケアマネさんには伝わらないわよ。台所がひどいことになってるのは事実なんだから」

「事実から見えてくる本人の行動原理に沿って支援するのが認知症ケアだぞ」

「とにかく私、人前で否定されたくないわ」

これからは一人で行ってと、陽子は珍しく腹を立てて寝室へ消えた。陽子は寝室で眠れぬ夜を過ごし、謙一は居間で途方に暮れている。

Story 20

「陽子の気持ち」

Explanation
解説

「介護の協力者」妻の立場に配慮して

介護が必要になった老親を長男夫婦が世話をするのが当たり前だったのは、一体いつ頃までだったろう。男は外で仕事をし、女は家で家事をするという役割分担が明確だった時代は、育児も介護も嫁の仕事だった。夫が職場で嫌な上司に腹を立てずに対応するのと同じように、嫁もさしたる疑問を抱かずに嫌な姑《しゅうとめ》の世話をした。仕事と割り切るから、余計な情緒をからませないで介護に取り組めたのである。

ところが、長男世帯が親世帯と同居しなくなり、幼子を保育所に預けて女も働くようになった頃から、男女の役割は崩れた。離れて暮らす老親の介護は、長男の嫁の仕事ではなく、子供たちの共同責任になった。共同責任ということは、責任者が不在ということである。そして嫁は、介護の主体ではなく、協力者になった。

協力は義務ではなく、本人の意思で行われる。生活の場は女の舞台だから、姑の世話をする嫁は一見、主導権を握っているように見えるが、現実は「あなたの親でしょう」という最後の切り札を胸に、自らの意思で夫の介護に協力しているのである。ここに夫と妻の微妙な意識のずれがある。そのずれを忘れて、夫が老親の良き理解者として振る舞えば、妻の立場は、その途端、至らない協力者に成り下がる。

「今日も、期限切れの生魚と煮物のパックが机の上に放置してありました」

と報告する陽子は、房子の生活実態をできるだけ具体的にケアマネに伝えたいと思っている。

「捨てるつもりで冷蔵庫から出して、忘れてしまったんですね」

謙一は陽子の言葉を受けて、自然な流れで報告の補足をしたつもりでいたが、それは介護の協力者としての陽子の立場に微妙な影を落とした。

「私はお母さんの問題行動を言い募る嫌な嫁で、あなたは常に優しい理解者ってことよね」

そんなつもりは、もちろん謙一にはなかったが、陽子から見れば、謙一の言葉はそういう意味を帯びるのである。ここでは会話の内容が焦点になっているように見えて、実は房子を巡る夫婦の立場が問題になっている。だから、

「問題行動には必ず理由があるよ。それを考察するのが大切なんじゃないか」

という、至極まっとうな謙一の言葉は陽子の心には響かない。それどころか、

「理由はお母さんに聞けばいいのよ。あなたのは推察でしょ？」

「本人は覚えていないから推察するんだろう」

謙一の反論に、とうとう陽子が本音を吐いた。

「そうやって、結局あなたはお母さんを庇《かば》っているのよ。私が指摘してあなたが庇う。他人の前で夫に否定される妻の気持ち、あなたに分かる？」

と言われても、謙一には分からない。

そして、妻の協力者としての立場が分からない間は、この種の夫婦のトラブルは形を変えて繰り返される。

それが親を看るということなのである。

Story 21

デイサービス

房子は催し物の回覧を読んでもすぐに忘れてしまう。

「房子さん、一緒に健康体操に行きませんか？」

当日の朝になって誘われても、女は身支度ができていなくては参加ができない。

「せっかくだけど、今日は遠慮するわ」

断る日が続くと、やがて誘われなくなった。

筋力維持のための散歩は続いているが、ほとんど誰とも口を利かず、終日テレビの前で過ごす毎日を何とか改善する方法はないものかと思案する謙一に、

「デイサービスはどう？ 送迎バスが来るし、体操をしたりゲームをしたりしていろんな人と楽しく過ごせるわ。お母さんにピッタリじゃない？」

陽子が提案したが、自分は介護を要する状態ではないと自負している房子にどうやってデイサービスを勧めればいいのだろう。

「私に任せてよ。こういうことはね、深刻に考えちゃ駄目。相手も深刻になってしまう」

陽子は明るかった。

「ねえ、お母さん、テレビばかり見てないでお年寄りの集まりに参加したら楽しいですよ」

「八十歳を過ぎるとね、そんな集まりはないよ」

「退屈なお年寄りばかりが集まって、体操したりゲームしたりして楽しむところがあるんですって」

「へえ、そんなところがあるのかい？　でも、参加費がいるんだろ？」

「だからこの前、サービスの使える保険証に変えたんじゃないですか。探して見ますね」

陽子は数日後に、

「お母さん、お年寄りが楽しむデイサービス、すごい人気でキャンセル待ちだけど、今日ようやく空いたって連絡がありました。申し込みますよ、いいでしょ？」

デイサービスという言葉をさらりと言ってのけた。

「ああ、ありがとう」

房子はあっけないほど簡単に了承した。

深刻に考えちゃ駄目…か。謙一はいつだって陽子の明るさに救われていた。

キャンセル空きで幸運演出

町を歩いている時に、突然テレビ局のアナウンサーからマイクを突き付けられて、

「もしも宝くじに当選して、四億円が手に入ったらどうしますか？」

と聞かれたら、あなたはどう答えるだろう。え？四億円か…う〜む、家のローンの残りを払い終わって、車を買い替えて、世界旅行をして…駄目だ、とても使いきれない。

「やっぱ、とりあえず貯金ですね」

と答えるまでの間に、あなたの脳は盛んに活動する。一人でぼんやりテレビを見ている時の脳をぬるま湯に例えれば、マイクを向けられた時の脳は、ほとんど沸騰していると言っていい。ましてや、好ましい人や苦手な人を含めた複数の仲間たちと一つグループになって、腹を立てたり、笑ったり、気を使ったり、我慢したりしながら、ゲームに取り組み、体操をする時の脳細胞はフル回転である。脳は、外からの刺激を一方的に受け入れている時よりも、他人と交流する時に最も活性化するのである。そのためにデイサービス（通所介護）が存在する。高齢者を一定時間預かって介護者を解放するのは、デイサービスの副次的な機能であって、一義的には参加する高齢者の心身の活性化を目的としている。ところが、自分が介護保険サービスの対象であるとは認識していない房子のような認知症高齢者にとっては、デイサービス

Story21「デイサービス」解説

への参加はハードルが高い。そこで陽子は、

「ねえ、お母さん、退屈なお年寄りばかりが集まって、体操したりゲームしたりして楽しむところがあるんですって」

明るく誘った。費用はかからないと知って乗り気になった房子を陽子はわざわざ待たせ、

「お年寄りが楽しむデイサービス、すごい人気でキャンセル待ちだけど、今日ようやく空いたって連絡がありました。申し込みますよ」

デイという言葉をさらりと用い、空きができた幸運を強調して房子を参加させることに成功した。

地域にはさまざまな催しがある。行政はもちろん、老人クラブや婦人会、趣味のサークルからボランティアグループまで、複数の主催者による行事やイベントの案内が、広報に掲載され、町の掲示板に貼られ、回覧されるが、残念ながら認知症の症状が出始めた高齢者は、それを覚えていられない。誘い合って参加する人間関係が存在すればいいが、突然当日の朝に誘われても本人は戸惑うばかりである。その戸惑いの様子から少しでも逸脱したものを見て取ると、人は関わらなくなる。そのようにして認知症高齢者は地域で孤立していくのである。単身高齢者の認知症と孤立化が同時進行すれば、失火や徘徊《はいかい》に代表される深刻な問題が起こり、地域で対処することは難しい。行政は各地で研修を行って盛んに認知症サポーターを養成している。徘徊高齢者の発見や連絡ももちろん大切であるが、まずは身近な地域で認知症高齢者を孤立化させない日常的な活動こそ望まれている。

Story 22

屈辱ゲーム

要介護1の認定が下り、担当のケアマネジャーの案内で、初めてデイサービスの施設に見学に出掛けた房子は、

「よくいらっしゃいましたね。もうすぐゲームが始まります。後でお茶の時間も設けてありますので、どうぞゆっくりしていってくださいね」

満面に笑みを浮かべた女性職員の歓迎ぶりに戸惑った。初対面の人にいきなり手を握られる経験は初めてだった。フロアには、グループになって談笑する女性たちとは対照的に、数人の男性が、ばらばらと無言で机に向かっていた。

「さあ、ゲームの時間になりましたよ」

ジャージー姿の職員たちに促されながら全員がのっそりと輪になると、中央にボウリングのピンが十本並べられて、

「はい。倒したピンが偶数か奇数かによって、やっていただくことが決まっていま〜す」

職員が指し示した黒板には、目を疑いたくなるような課題が書かれていた。

『初恋の人の名前を大声で叫ぼう』

『最愛の人の名前を大声で叫ぼう』

そして、足元もおぼつかない男性が、職員に手伝ってもらってゴムのボールを投げると、

「はい、六本でした…ということは？偶数ですから？初恋の人の名前を大声で叫んで下さい」

さあ照れないで、さあ勇気を出して、と執拗に催促されて、

「ふ、藤野キミさ〜ん」

男性が上気した顔で声を張り上げると、手を叩《たた》いてわっとはやし立てたのは職員たちばかりだった。

房子はいたたまれなくなった。

織田信長とでも答えておけばいいのだと思ってはみても、そんな場所に引き出されることを想像しただけで屈辱だった。

「私、帰ります」

「あら、房子さん、お茶とお菓子も用意してあるのですよ」

デイの職員は、まだ名乗ってもいない房子の名前を知っていた。

Story 22

「屈辱ゲーム」

Explanation

解説

自尊感情を傷つけない配慮が必要

人間は自慢の鼻を折られた時は屈辱を感じる。歌を披露して拍手を期待していたら、

「音程はしっかりしているけど、気持ちのこもらない歌には感動しないね」

と言われれば腹が立つ。

密かな劣等感を刺激された時も屈辱を感じる。三流大学出身であることを引け目に感じている人は、

「君のお兄さん、東大出てるんだってね」

と言われただけで簡単に傷ついてしまう。

他人との不合理な比較で差別的な扱いをされた時も屈辱を感じる。

混雑するデパートのレジがもう一つ開いて、

「一万円以上お買い上げの方はこちらでお取扱い致します」

とアナウンスされればきっと苦情が出る。

中でも、意に沿わぬ行為を強要された時の屈辱は、強要を伴った分だけ根が深い。

房子が見学したデイサービスで行われていたゲームは、倒したボウリングのピンの数によって、参加者の輪の中で初恋の人の名前を大声で叫ばねばならなかった。これは前述した四つの例の中では、意に沿わぬ行為を強要された場合に相当する。

「私の初恋の人は、織田信長で〜す!」

とでも答えて平然としていられる人ならいいが、認知症の高齢者はその種の機転が得意ではない。房子は、そんな場所に引き出されること自体に、いたたまれない屈辱を感じたのである。

Story22「屈辱ゲーム」解説

デイサービスは、複数の高齢者に有意義な時間を提供して心身の活性化を図る介護保険サービスの一つである。終日家でぼんやりテレビを見て過ごす高齢者に比べれば、デイに通う利用者の脳が受け取る刺激の量は格段に多い。加えて、他人と交流し、ゲームに取り組む時の脳に課せられる情報の処理は、認知症の予防と回復に確実に効果がある。しかし残念ながら、同じ刺激の連続にはやがて魅力を感じなくなるのも人間の脳の悲しい習性である。人はハツカネズミのように、暇さえあれば回し車の上で喜々として走り続けられる生き物ではないのである。

そこでデイサービスのスタッフたちは、利用者を飽きさせず、意欲的に一日を過ごしてもらうためのゲームの企画に腐心する。その結果がたまたま房子の見た屈辱ゲームだったのである。

人は小さな屈辱を克服しながら成長する。若者は、時に自慢の鼻を容赦なくへし折られることによって謙虚さを取り戻す。ひた隠しにしている劣等感を明るみにさらされることで乗り越える。理不尽に比較される悔しさをバネにして発奮する。しかし、認知症高齢者に、そういうレベルでの人格の可塑性を期待するのは無理である。初期の認知症高齢者は、記憶が進行的に欠落して行く不安に怯《おび》えながら、自尊感情を頼りに生きている。レクリエーションの企画には屈辱を与えない配慮が必要である。誇りを奪わない。劣等感を刺激しない。他人との不合理な比較で差別的な取扱いをしない、意に沿わぬ行為を強要しない…。この四つの項目は、認知症高齢者の自尊感情を損ねないために念頭に置かなくてはならない原則なのである。

Story 23

責任感

デイサービスは全員の合唱で終わることになっているが、その日は歌の前にお知らせがあった。

「今月（四月）の二十九日は昭和の日、つまり昭和天皇の誕生日ですね。皆さんのデイの曜日に当たっていますが、祝日ですのでお休みです。三週間も先のことですけど、ご都合があるかもしれませんので早めにお知らせしておきますね」

「…ということは、今日来なかった人には知らせてあげなくてはいけませんね」

「いいえ、房子さん。それはこちらから連絡いたしますからどうぞご心配なく」

送迎バスで家に帰り着いた房子は、職員とのやりとりをすっかり忘れてしまっていたが、床に入ってからにわかに不安になった。大切な行事が中止になったことを誰かに知らせなければならないような気がする。しかし、何の行事を誰に知らせるのだったかが思い出せなかった。

翌朝、暗いうちに鳴った携帯電話の着信音に、謙一は驚いて目を覚ました。画面では五時二十分の数字が光っている。早朝や深夜にかかってくる電話には不吉な想像がつきまとった。

「どうしたんだ？ こんな時間に…」

謙一の耳に、切羽詰まった房子の声が響いた。

「大事な行事が中止になって、その連絡を頼まれたような気がするんやけど、何の行事か、誰に知らせるのか、思い出せんのよ」

「頼んだ人は？　頼んだ人に聞き直せばいい」

「それも覚えとらんから困っとるんや」

中止の行事に出かける人がいたらどうしよう。

責任を取れと言われたらどうしよう。

房子の不安は際限もなく募っていく。

「大丈夫。俺が何とかするから」

謙一は市役所にも聞いてみた。町内会長にも電話をした。老人クラブにも婦人会にも尋ねてみたが、それらしい行事の情報はなかった。

「おふくろ、しばらく行事はなさそうだぞ」

という謙一の電話に、

「ん？　何の話や？」

房子はそのこと自体を覚えてはいなかった。

忘れることを前提に、広報・連絡は文書で

外出してしばらくしてから、突然、玄関の鍵をかけたかどうか心配になるときがある。ガス栓を締めたかどうか不安になるときがある。クーラーを切ったかどうか自信がなくなるときがある。自宅から近ければ引き返して確かめるが、引き返せない時は一日が最悪になる。人と話していても、パソコンに向かっていても、食事をしていても、胸には不吉な想像ばかりが広がっていく。泥棒が入るのではないか、火事になるのではないか、電気代が跳ね上がるのではないか…。ある時などは、新幹線に乗ってから、駐車場に置いた車のドアをロックしたかどうかが気になって、二泊三日の旅行が台無しになった。

初期の認知症高齢者の世界を理解しようとすれば、誰もが経験するこの種の不安に、分単位で苦しめられている状態を想像しなければならない。財布や眼鏡の在りかが分からないだけではない。今日の予定が分からない。出会った人が認識できない。交わした会話は片っ端から忘れてしまう。そして何よりも自分に与えられた役割が思い出せない。そのくせ脳は、大切なことが思い出せないときの不安な感情だけは正常に発信し続けている。

時に我々を襲う、鍵をかけ忘れたのではないか…といった類いの不安を日常的に抱えているとしたら、認知症高齢者の心理的負担は想像を絶する

ものがある。ケアに携わる者には、それを思いやる気遣いが求められるのである。

房子の通うデイサービスでは、三週間後の通所日は祝日に当たっているので休みになる旨の連絡を、利用者全体に向けて口頭で行った。

「…ということは今日来なかった人には知らせてあげなくてはいけませんね」

「いいえ、房子さん。それはこちらから連絡しますからどうぞご心配なく」

何気ない職員とのやり取りには房子の責任感が表れている。

ところが、房子の脳は一連の事実をすっかり忘れてしまう一方で、何か大切な連絡があったという「気分」を記憶していた。気分はその夜、不安に変化した。

（大切な行事が中止になったことを誰かに知らせなければならない…）

房子の不安は、鍵のかけ忘れを心配する我々の不安と同種のものである。しかし責任感を伴っているだけに深刻だった。早朝から謙一を巻き込んで大騒ぎをしたあげく、結果的に房子が不安そのものを忘れてしまって事なきを得たが、ここに認知症高齢者に対する広報、連絡方法の難しさがある。忘れることを前提に、誤解のない伝え方をしようとすれば、口頭だけでは不十分である。紙をなくす可能性まで想定すれば際限もないが、

『○月○日のデイサービスは、祝日なのでお休みです。本日欠席の利用者さんにはこちらからご連絡しますので、ご心配はいりません』

と書かれた文書が渡されていれば、房子の混乱は回避できたのではないだろうか。

Story
24

タオル事件

火曜日の午前九時にはデイサービスの車が迎えにくる。

「今日は火曜日だから、デイの日だよ」

曜日の分からない房子には、朝七時に必ずかかってくる謙一夫婦からの電話がありがたかった。

「よかったわね。デイが定着して」

「ああ。家ですることもなく一日ぼうっとしていたら、おふくろじゃなくたって、日にちも曜日も分からなくなってしまうからな」

二人がそう言い交わしてひと安心した頃、房子の担当ケアマネジャーから陽子の携帯電話に連絡が入った。

「え? そんなことがあったのですか?」

房子はデイでゲームや体操を楽しむだけでなく、歩行の危うい利用者を介助したり、職員のタオルたたみを手伝うのが誇りになっている。ところが、折角たたんだタオルの山を、職員が別室でくしゃくしゃにする様子を偶然房子が見てしまったというのだった。どうしてそんなことを…という陽子の質問に、利用者はみなさんタオルたたみが好きですからねえ…と言った後、

「人間はいくつになっても人の役に立ちたいものなのですね」

ケアマネはそうつけ加えた。

「おふくろの性格じゃ、耐えられなかっただろうなあ」

「それも忘れてしまうといいんだけど…」

「いや、激しく感情が動いた出来事は忘れないというぞ」

房子がデイを嫌いになっては困る。

謙一は思案の末、翌日房子に電話した。

「おふくろ、俺も年を取ってすることがなくなったら、デイに通うかどうか迷ってるんだけど、デイってどう？ 楽しいか？」

房子は瞬時に息子を案ずる母親に戻って答えた。

「そりゃ、どこにだって変な人はいるけど、体操やゲームは楽しいぞ。おまえも行くといい」

言葉にした房子の中で、デイは再び楽しいものになった。

子を思う母親の感情に働きかける

井戸端会議という言葉は死語になったが、これだけ人間同士の交流が希薄になると、井戸端が果たしていた役割については一考の価値がある。各戸に水道が整備されておらず、共同の井戸が水源であった時代、女たちは井戸端に集まって炊事や洗濯をした。それぞれ個人的に果たすべき仕事があって成立した小集団は、会話をするのも黙っているのも自由であるという気楽な条件下で、まとまった時間を共に過ごさねばならなかったが、思えばそれが人間の自然な交流を促す最良の環境だった。

水道が普及して井戸が消えると、人々はストーブの周りに集まって交流した。ストーブがエアコンに奪われても、喫煙者たちは喫煙コーナーに集って会話をした。嫌煙権の尊重で喫煙コーナーが撤去されると、不特定の人々が自然に集う機会は激減した。辛うじて食卓を囲む家族の交流だけが残っていたが、一日を別々の予定で過ごすようになった今、現代人は他人どころか家族とさえも交流する機会をなくして孤立した。現代人が孤立を免れようとすれば、趣味の会や生涯学習の教室に参加するしかないが、それは交流のための交流であって、自然発生的な地域の交流とは違う。ブログだのラインだのというネット上の交流に至っては、生身の人間と直接向き合わない仮想現実であって、井戸端会議とは次元の違うものである。

Story24「タオル事件」解説

井戸、ストーブ、喫煙コーナー、食卓…。これらのものに象徴される交流媒体としての共通点は、個人の目的を達成するために、複数の人がまとまった時間を共有しなければならないということであった。そんな仕掛けが地域に構築できれば日常的な人々の交流は復活するだろうが、にわかには思いつかない。

そこでデイサービスである。

房子の通うデイサービスは、そのあたりの人間の機微を経験的に心得ていて、タオルたたみの作業がさりげなく提供されていた。利用者はタオルの周囲に集まって、たたみ終わるまでの時間を共に過ごしながら、井戸端会議と同じ種類の交流を経験した。人は認知症が進むに従って、周囲から労《いた》わられるだけの立場になる。タオルたたみは、自分が役に立っていると実感できる数少ない機会でもあった。だから、作業が意図的なものであるという舞台裏を知った房子の憤りは容易に想像できた。忘れてしまえばいいのだが、房子の性格では、二度とデイには行かないと言い出す可能性があった。

謙一はここでも子を思う母親の感情に働きかけた。

「おふくろ、俺も年を取ってすることがなくなったら、デイに通うかどうか迷ってるんだけど、デイってどう？ 楽しいか？」

と聞かれた房子は、

「そりゃ、どこにだって変な人はいるけど、体操やゲームは楽しいぞ」

おまえも行くといいと答え、危うく危機を乗り越えたのである。

Story 25

明子の電話

房子には安否確認を兼ねて日に一度は携帯電話に連絡を入れることにしているが、

「今日のデイはどうでした？」

と陽子が尋ねても、

「デイ？ 私、そんなとこへ行ったんか？」

という返事が返ってくるに及んで、謙一夫婦は会話のパターンを変えた。

「こちらはね、今日は台風みたいな風が吹いて、ベランダの植木鉢が全部倒れたんですよ」

「おや、こちらは穏やかだったのにねえ…」

質問形式でさえなければ、房子は全く自然な会話ができた。

「あ、お母さん、ごめんなさい。宅配便が来たみたいですから一旦《いったん》切りますよ」

後で謙一さんにかけてもらいますと言った手前、その日の夜に謙一が電話をしたが、房子の携帯は何度かけても通話中だった。

「私たち以外に話す相手はいないはずよ」

「詐欺の電話に出てるんじゃないだろうな」

謙一は慌てて固定電話を取り上げた。

呼び出し音がしばらく続き、ようやく電話に出た房子の声は、いつになく弾んでいた。

「今、誰と話してたと思う？　明子だよ、明子。明子が電話をくれたんだよ！」

孫がいることなんか忘れてしまうところだったという房子に、よかったなと話して電話を切り、今度は謙一が明子に電話した。

「おばあちゃん、喜んでたぞ」

「私を覚えていなかったらと思うと怖くてなかなか電話できなかったけど…」

友達のおばあちゃんが亡くなったと聞いて、話せるうちに話しておかなくては後悔すると思ったのだと言う。

翌日再び房子に電話して、

「明子のやつ、今年の夏は、ひ孫を連れて会いにいくと言っていただろ？」

楽しみだね、と言うと、

「？」

房子は明子からの電話を覚えていなかった。

Story 25

「明子の電話」

Explanation
解説

質問形式の会話は避けて

認知症のことを、すっかり判断能力を失った状態だと思っている人がいる。何も分からなくなる病気だと誤解されている節もある。しかし認知症は短期記憶の障害から始まるのである。かつて使われていた「痴呆《ちほう》」という言葉から連想される支離滅裂な状態とは異なっている。

認知症といえども会話は多分に慣習で行われるため、「元気そうですね」と挨拶《あいさつ》されれば、「いえ、物忘れはひどいし、立ち上がると膝が痛むし、八十を超えると、生きているだけで精一杯です」など流暢《りゅうちょう》に答えることができる。離れて暮らす息子夫婦を気遣って、「虫に刺されると怖い病気にかかるそうやで、外に出るときは二人とも長袖を着ていくんやぞ」と電話をすることもできる。ただ、そんなやりとりをした事実を覚えていられない。ひょっとすると電話が長引くうちに、かけてきた本人が目的を忘れ、

「あれ？私は何の話をしとったんや？」

と聞き返すことだって珍しいことではない。

つまり、認知症患者は、記憶をたどる会話は苦手なのである。

「度々再発行では困るから、通帳と印鑑はこちらで管理するという話、考えてくれた？」

などと尋ねても、大抵は徒労に終わる。本人はそもそもなくしたことを覚えていない。

謙一夫婦の場合も、

Story25「明子の電話」解説

「今日のデイはどうでした?」

と房子に聞いて失敗している。

「デイ? 私、そんなとこへ行ったんか?」

これが認知症の世界なのある。

記憶にないことを尋ねても答えようがないことを念頭に置かなくてはならない。明子からの電話など全く覚えていない房子に対して、

「今年の夏は、ひ孫を連れて会いに行くと言っていただろう?」

と尋ねること自体が間違っているのである。

ところが我々は質問形式の会話に慣れている。

「今日の試験はできたか?」

「秋物のスーツはクリーニングから戻って来てる?」

「夕べの台風、被害はなかったか?」

認知症患者を困らせる会話を一方的に始めておいて、うまく答えられない相手に落胆するのは、落胆する側が間違っている。

そういう意味では、会話のパターンを変えた謙一夫婦は賢明だった。

「今朝食べた干物、あれ? と思ったら、案の定あたってね、一日トイレ通いだったよ」

「こう暑くちゃ冷蔵庫も信用できんからな、少しでも匂ったら食べんようにせにゃあ」

「離れた所で鳴った携帯電話に出ようと、走って転んで膝を打ったんだよ。もう…痛くてさ」

「慌てんことやよ。電話は切れてもまたかかってくるけど、痛めた膝はなかなか治らんでなあ」

この種の会話を心掛けることで認知症患者とのトラブルは相当程度減らすことができるのである。

Story 26

お花見

公園の桜が咲いた。

配布されたお花見の案内はなくしてしまったが、

「あら房子さん、おはようございます。午後のお花見、天気が良くてよかったですね」

畑に行く途中で出会った女性から声をかけられて、古い記憶が蘇《よみがえ》った。

満開の桜の下で、鼻を赤くした精肉店の店主の猥雑《わいざつ》な冗談に笑い転げ、畳店のあるじの調子外れな歌に手拍子を打った。

二人とも既にこの世の人ではなかった。

みんな桜のように散っていく…という感慨は、今年が最後の花になるかもしれないという気持ちにつながって、房子は町を挙げての花見の宴《うたげ》に加わった。

房子の属したグループの大半は年寄りばかりだったが、飲んで食べて、なつメロを歌うと、気分は簡単に昭和の昔に戻った。歌は時代を呼び覚まし、懐かしい思い出話はいつしか知人の訃報に連なっていく。

「おい、次は『青い山脈』をパアっと歌うぞ！」

誰かの機転でとびきり明るい歌が始まるが、

「この歌を歌った歌手も死んだよなあ…」

会話は結局、故人を偲《しの》ぶ話題に終始した。

それでも既に十分に生きた者ばかりの宴には、達観に似た明るさがあった。

花見を終えて三々五々家路についた同年クループの一人から、同級会を復活させる計画が持ち上がった。

「まずは近くの者を集めて相談せねばの」

という訳で、日時と会場が決まり、お花見に参加した者たちで手分けして不参加の同級生に連絡する手はずになったが、そのことを房子はすっかり忘れてしまった。

当日は房子の分担だけが欠席した。

「これでは日を改めにゃならん」

「それにしても房子さんは無責任じゃ」

「ま、これからは当てにせんことや」

それ以来、房子を誘う者はない。

Story 26

「お花見」

Explanation
解説

さりげない支援のできる地域の人材育成を

房子の住む町には自治会単位でお花見をする年中行事が残っている。いつ始まったものか分からないが、神社のお祭り同様、すっかり高齢化した町に今も綿々と続いている。その気になれば花見など役員の決断でいつでもやめられるが、一度やめたら復活するのは難しい。年中行事とはそういうものである。

仕事を求めて子供たちは故郷を離れ、残された親は田舎で年を取る。伴侶を亡くして一人暮らしになった高齢者にとって、長い間親しんできた町の行事は、行政が用意する介護予防教室よりも格段に参加しやすい。行事は町民全体に開かれていて、対象を問わないのである。懐かしい思い出を共有する者同士が出会えば、話が弾み、別の約束に発展する。そこに年中行事の持つもう一つの重要な役割がある。

年中行事はたいてい年に一度であるが、地方の町には高齢者ばかりが集まってモーニングコーヒーを楽しむ喫茶店が必ず何軒か点在する。決してお洒落《しゃれ》とは言い難い店内は、狭く雑然としていて、店主はおしゃべりの好きな高齢者である場合が多い。時間は持て余すほどあるが、経済的なゆとりのない高齢者たちに、コーヒー一杯の値段で、店は軽食と会話と出会いの場を日常的に提供している。さまざまな情報と約束が交わされて、喫茶店は高齢者の孤独や孤立の防止に一役買っているのである。

　終日テレビを見てぼんやり過ごす高齢者は認知症の予備軍である。行政は認知症予防に最も効果的な対人交流を促進するために、高齢者サロンを定期に開催しているが、参加者は思うように集まらない。団塊の世代が順次後期高齢期（75歳以上）になって、地域で大量の認知症患者を支えなければならない時代に突入する今こそ、自然発生的サロンとして、この種の喫茶店が果たしている役割は注目されていい。

　房子はお花見で持ち上がった同級会の復活計画に心躍らせたが、期待された連絡係の責任を果たせなかったために敬遠された。仲間の中に房子の認知症状に気付き、連絡係に正副を設けるなどの配慮ができる人がいれば悲劇は起きなかった。政府の計画で大量に養成されている認知症サポーターに期待される役割は、オレンジリングを身に着けて啓発の一端を担うことではない。身近な高齢者の認知症状を早期に発見して、さりげない支援のできる実行力である。

「私、ものが覚えていられないので、役は外してください」

とはなかなか言えるものではないが、

「あなたは記憶ができないから役は外します」

と言えるものでもない。

　具体的に認知症をサポートできるセンスを訓練した人材が、喫茶店の店主はもちろんのこと、老人クラブ、高齢者学級、同年会など、地域の要所要所で活動する体制づくりを急がなくてはならない。

Story 27

無配慮な気遣い

房子のデイサービス通いは定着したが、手助けが必要だった。

「明日はデイの日だから忘れるなよ」

前夜に謙一が電話をすると、

「そうか、そりゃ行かんならんな」

嬉《うれ》しそうに礼を言うくせに、

「今日はデイだよ。九時にバスが来るからな」

当日の朝、電話をしても、

「そうやったか？ すっかり忘れとったぞ」

同じ返事が返ってきた。

脳が限定的に萎縮して、短期記憶だけが困難になった房子は、身体に不自由がない分、他の利用者に比べて格段に元気だった。デイではタオルをたたんで職員を助け、歩行の不安定なお年寄りを見守って職員を喜ばせた。

「房子さんが来てくれて、スタッフが一人増えたみたいですよ」

お世辞だと分かっていても、そう言われる度に房子の胸に闘志が湧いた。結局、人は、行き届いた世話を受けたところで幸せにはならない。人の役に立てた時、充足するものなのだ。

「段差がありますよ。気をつけて下さいね」

散歩の先頭に立つ房子の姿を、

「ん？」

偶然、遠縁の文子が見た。

房子は文子より三つ上だから八十四歳である。その房子がどうしてデイで働いているのだろう。

「房子さんは働いているのではなくて利用者ですよ。ちょっと見ただけでは分かりませんが、アルツハイマー型の認知症です」

後日デイの職員から房子の実情を聴き出した文子は、早速、房子の見舞いに出かけた。

「房ちゃん、あんた、アルツハイマーなんやって？私、びっくりして見舞いに来たんやで。進んでいく病気やろ？だんだんいろんなことが分からんようになるのは不安やろなあ…。気を落とさんようにしなあかんよ」

病は気からって言うからな、というあからさまな文子の言葉に、房子は呆然《ぼうぜん》と立ちすくんだ。

配慮に欠ける気遣いが「周辺症状」の原因に

私が岐阜県庁に勤務していた頃だから、四十年以上昔のことである。

降り続く大雨で長良川が決壊した。災害救助法に基づいて救援物資を調達したり被災地に届けたりする主管課に勤務していた私は、数日間職場に泊まり込み、不眠不休で情報収集作業に従事していた。積もるストレスで仲間の一人が精神的に限界を迎え、

「ちょっと家に戻ってきてもいいかなあ…」

無精ひげの顔で遠慮がちにつぶやいた。私は彼が帰りやすいように、

「ああ、おまえ、汗臭いから風呂に入ってこいよ。なあみんな」

と水を向けると、

「家が近いんだから、そうしな、そうしな」

仲間も笑って賛成したが、

「ちょっと待てよ」

先輩が異を唱えた。

「汗臭いってのは言い過ぎじゃないか？　風呂なんか誰も入ってないんだから、そんな言い方したら傷つくだろう」

先輩は私のもの言いをたしなめたのだか、その気遣いのせいで本人は帰れなくなった。

配慮の足らない気遣いに悪意はない。

ある女性の夫が自殺をした。体調不良を気に病んでいたとか、神経質な上司と大ざっぱな部下の板挟みになっていたとか、原因はいろいろ取り沙汰されたが、通夜に訪れた主婦仲間の一人が、沈

Story27「無配慮な気遣い」解説

痛な面持ちでお悔やみを言った。

「何と言ったらいいか…本当にお気の毒だったわね。こんなとき気を落とさないでと言っても無理だけど、あなたまで変な気を起こさないでちょうだいね。こういう亡くなり方をすると、妻は異変に気が付かなかったのかとか、夫婦の会話が足りなかったんじゃないかとか、特に夫の身内から嫌な噂か立つものだけど、絶対に気にしちゃ駄目よ。幸いあなたたちには子供がないんだから、一日も早く立ち直って前を向いてね。力になるから」

内容は気遣いに満ちているが、これほど配慮に欠けるお悔やみの言葉はない。

人間にはさまざまなタイプがいる。認知機能の衰えを自覚するや、まだ六十代にもかかわらず自ら検査を受けて、アルツハイマーの進行を遅らせるために懸命に努力のできる人がいる一方で、房子のように、骨粗しょう症と診断されただけで、ふさぎ込んで牛乳ばかり飲むような人もいる。

後者のタイプにとって不安は禁物である。待ち構えている不吉な将来予想に対する怯《おび》えが、現在の思考や感情を混乱させる。アルツハイマーの場合、混乱は「周辺症状」（妄想や徘徊、暴言、暴力など）の原因となる。本人に対するがんの告知は一般的になったが、告知されたことで正常な精神状態ではいられない患者が存在することも否定できない。高齢者のアルツハイマーとなれば、なおさらである。作中の文子のような配慮にかける気遣いは、百害あって一利なしだが、悪気がないだけに退けることは難しい。個人情報に対する慎重な態度がある程度定着してきたように、認知症患者に対する対応方法についても、行政による市民教育の充実が望まれる。

Story 28

当番

回覧物が郵便受けに届くと、当番はそれを世帯名簿と一緒に回覧用の板に挟み、次の家に回すことになっている。受け取った家は自分の名前の下にチェックをして次の家に届けるのだが、当番になった房子は、そんな簡単な作業ができなくなっていた。回覧物を板に挟まないで回したことがある。逆の方向に届けたこともある。忘れたことも、捨ててしまったこともある。

「今朝の防災訓練の参加者、少なかったなあ」

「回覧が前日に回ったんじゃ仕方がないよ」

「房子さんのルーズさにも困ったもんだ」

「あれはルーズじゃなくて、分かるだろ?」

「認知症…か? でも、そういう人に回覧当番をさせるのはどうかなあ」

「外したいのはやまやまだけど、言えるか? あんただけ当番を外れてもらいますって」

「言えないよなあ。ま、房子さんが当番の間はみんなで気を付けるしかないか」

その日、訓練を忘れて欠席した房子は、郵便受けに発見した回覧板を手に謙一に電話した。

これが戻ってきたものなのか、これから回すものなのかが分からない。

「板が付いているのなら戻ってきたんだろ？　当番が板に挟むんだから」

謙一には房子の混乱がよく理解できた。田舎は町内や神社の役に対しては責任感が強い。

「世帯名簿にチェックがしてあるだろう」

「それが、してある家とない家があるんだよ。ない家には持って回った方がいいかねえ…」

「何の回覧だ？」

「九月一日の防災訓練の案内だよ」

「だったら今日終ったんじゃないか」

「終ったものがどうして回ってくるんや？」

「母さん」

「ん？」

「当番を外すように会長に頼んでやろうか」

「そんな、図々しいことはできないよ。私より年上の人も当番やっとるんやから」

謙一は電話を耳に当てたまま途方に暮れている。

Story 28

「当番」

Explanation

解説

地域の役割負担が困難に…率直な話し合いを

アルツハイマー型認知症は短期記憶の障害から始まるが、都会と田舎では発見のされ方に大きな違いがある。

人や地域とのつながりの希薄な都会で一人暮らしになった高齢者は、子供たちが頻繁に連絡を取っている場合や定期的に通院しているような場合は別にして、趣味の会や老人クラブなどに所属して他人と交流する機会でもない限り、発見はたいてい遅れてしまう。町を徘徊していても誰も関心を持たないし、スーパーで同じ物をどれだけ買おうと不審に思う人はいない。季節外れの服装をしていても気に掛ける人はいないし、もちろん冷蔵庫の中を点検する人はいない。住居がごみ屋敷になったり、徘徊中に警察に保護される事態になるまでは放置されるのである。従って、都市部における認知症サポーターの役割は、認知症高齢者を地域で支えるというよりも、早期に発見して関係機関や親族につなぐことになる。何らかの集団への継続的な参加を促すことも大切である。

一方、田舎で一人暮らしをしている高齢者が認知症を発症した場合には、発見は比較的容易である。挨拶《あいさつ》の仕方に始まって、会話、服装、買い物からごみ出しに至るまで、日常の全てが親しい近隣の監視下にある。ただ、親の代から同じ地域に住み、互いにトラブルを避けて暮らしてきただけに、率直な意思の疎通が難しい。関係が険悪になるようなことはしないという暗黙の前提で、地域が成立しているのである。

房子の場合も、随分以前から回覧当番に困難を来していた。それは自他共に認識していたが、本人は当番を外してくれとは言い出せず、町内も外れてくれとは言い出せないでいた。房子より年上の高齢者が黙って当番を引き受けているというのに、自分一人が当番を免れようとすることに本人は引け目を感じていた。町内は町内で、回覧板が回せない房子の不手際を指摘することにより、本人のプライドを傷つけることを恐れていた。気遣いと気遣いが睨《にら》み合って身動きがとれないまま、回覧が届く度に本人は混乱して症状を悪化させ、近隣は滞る回覧に迷惑していた。

「八十歳を超えたら、ご本人がたって希望される場合を除いて原則として町内の役は割り当てないということになりましたが、来年からどうされますか？」

「町内の役は責任が伴いますから、原則二名を割り当てることになりました。当たった人は二人で話し合って任務を果たして下さい」

「回覧は回り終わるまでに時間がかかるので、コピーして全戸配布することになりました」

解決する方法はいくつかあるが、理想的には率直に話し合えることが望ましい。

「町内や祭りの役を負担に感じる高齢者が増えていますので、私どもが意向を伺って回っています。房子さんはいかがですか？ 遠慮なく聞かせてください」

ここでも認知症サポーターの出番はありそうである。

Story 29

企業の役割

房子に認知症の兆候が見られるようになってから二年近くが経つ。物忘れの程度は比較にならないほど進行し、目的があって電話をかけてきたのに、謙一が出たときには肝心の用を忘れていることも珍しくなくなった。謙一と陽子は房子にしてきたことを振り返ってみた。

「この間に、スクーターに乗るのを諦めさせ、診察を受けさせ、要介護認定を済ませ、デイサービスに通わせた」

「給食も取って、携帯電話と玄関の鍵を一緒に身につける習慣にして、通帳と印鑑を私たちが預かることにも納得してもらったよね」

「ひとつひとつに工夫が要ったけど、俺たち、離れている割にはうまくやってる方だよな」

「離れているからうまくいくんじゃないかな。一緒に暮らしていたら、お互いに感情的になって、口も利けなくなっているかもしれない」

「役所の書類は何もかもこちらに届くように手続きをしたし、ご近所にも事情を話して協力してもらってる」

「ケアマネさんとは常にメールでやりとりしているし、町内や神社の役も外してもらった」

「あとはこれを送ろうと思ってるんだ」

謙一はそう言って陽子に二通の手紙を見せた。

一つは家電メーカーに対し、使い慣れたガスコンロと同じ操作で作動するＩＨコンロの開発を提案する内容で、もう一つは時計メーカー宛で、謙一の声を複数のパターンで録音しておけば、タイマーが働いて、例えば、

「今日はデイの日だからお迎えのクルマに乗るんだよ」

と知らせてくれる時計の開発を提案する文面だった。

謙一は認知症を地域で支えるためには企業にアイデアを提供することも大切だと考えて行動したが、その結果は、企業によって明暗を分けた。

家電メーカーからは、直接担当者から鋭意検討するという感謝の電話があったのに対し、時計メーカーからは、大量生産なので個々のニーズには応えられない旨のわずか三行の回答が文書で送られてきた。

Story 29

「企業の役割」

Explanation
解説

認知症サポート機器の開発にアイデアの提供を

今や男女共同参画社会の理念は定着して、男は仕事、女は家事などと声高に叫ぶ人はいなくなったが、女性を家事から解放したのは活動家の努力というよりも、家電メーカーの商品開発によるところが大きいことは周知の事実である。電気炊飯器は女性をかまどの前から解放したし、冷蔵庫は毎日の買い物から女性を自由にした。洗濯機が節約した女性の時間は革命的と言っていい。電動車椅子を利用する障害者の行動範囲も、蓄電技術の著しい進歩によって劇的に拡大した。今日では雨の日に電動でフードが下りて利用者を濡らさない車椅子の開発が待たれている。障害物の接近を察知して自動的にクルマを停止させるセンサー技術は、視覚障害者の移動の安全に活用ができそうである。

同じように、認知症高齢者の支援についても、企業が本腰を入れて開発に乗り出せば、現在関係者を困らせている難題の数々が解決される可能性がある。

ピアスのように極小で人体に無害な電波発信機が開発されれば、行方不明になった徘徊《はいかい》高齢者を人海戦術で捜索などしなくとも、居場所はたちどころに知れる。生体反応の消失を察知して電波を発する機能を持つ発信機を身につけていれば、見守り活動に神経を尖らせなくても、孤独死の発見は容易になる。画面に指紋をタッチするだけで、

Story29「企業の役割」解説

あらかじめ設定した生活費が一定の間隔を開けて下りるＡＴＭ装置が銀行にあれば、認知症高齢者の財産を預かって定期的に現金を届ける労力は不要になる。本人が一定の距離まで離れると警告音が鳴る装置が簡便に装着できるようになれば、財布やバッグの忘れ物は激減する。

問題はアイデアと開発資金である。

アイデアは当事者たちが感じる不便の中にある。こんなものがあれば便利なのに…というアイデアを思いついても、当事者は特許や実用新案を登録する知識もゆとりもない。せめて商品化されればと思っても、アイデアをどこに提供すればいいかが分からない。ＮＰＯで構わない。提案の窓口となって、蓄積したアイデアをしかるべき企業に紹介する機関が必要である。アイデアの提供者には、商品化した企業から、いくばくかの報奨金が支給される仕組みがあれば好ましい。

企業は利益が見込まれなければ開発に踏み出さない。開発のための公的な貸付資金が検討されるべきである。受益者が少数で一定期間内に利益が上がらなければ、返済は免除する方式がいい。少数であっても受益者の存在にこそ着目すべきなのである。資源のないわが国にとって、日常の不便から生まれて、形にならないまま消えてゆくアイデアの数々は貴重な財産である。日本人が感じる不便は、世界の国々でも不便と感じているに違いない。

ちなみに謙一が提供したＩＨコンロと時計のアイデアは次ページに掲載した。

平成○年○月○日

○○株式会社商品開発担当課御中

〒□□□－□□
住所○○市○○町 1-2-3
鈴　木　謙　一

前略

商品に関するアイデアを提供したく、お手紙を差し上げます。

一人暮らしをしている八十四歳の母の認知症が進みました。ついさっきのことを忘れてしまいますから火の不始末が心配です。

まずは電気ポットを利用させて、朝の習慣であるお茶を沸かす場面でのガスの消し忘れの危険を回避しました。

次は調理用のガスコンロを卓上式の IH コンロに変えたいのですが、これが難問なのです。

認知症の高齢者は新しい機器の操作には抵抗を示します。操作方法の戸惑いによる混乱が認知症状悪化の原因になるのは今や定説になっています。

そこで提案ですが、ガスコンロをつけるのと同じ方法で操作できる IH コンロを開発していただけないでしょうか。ガスコンロと同じ形式のつまみで、それを回すとカチカチとガスコンロと同じ着火音がして、欲を言えば、熱の発生面に炎に見立てた青い円形のライトがつけば最高です。

一人暮らし世帯を含めた高齢者世帯は大変な勢いで増えています。私のように老親や祖父母の火の不始末を回避するために IH コンロを購入する人も増えているはずです。認知症の親を抱える当事者になってみると、高齢者にやさしい安全コンロが求められていると切実に思います。

私の母には既存の IH コンロを購入しましたが、メインスイッチを押して、さらに2秒の長押しスイッチを押すという作業に困難が伴います。

高齢者には長押しという習慣がないのです。

どうか提案をご一考の上、超高齢社会の安全と安心に貢献下さいますようお願い申しあげます。

早々

※謙一が提供したIHコンロのアイデア

平成○年○月○日

〇〇株式会社商品開発担当課御中

〒□□□－□□
住所○○市○○町 1-2-3
鈴　木　謙　一

前略

認知症の高齢者のためにゴミ出しの曜日等を音声で知らせる機能のついた時計の開発についてご提案いたします。

故郷で一人暮らしをしている八十四歳の母は、短期記憶だけが極端に低下したタイプの認知症です。

「今日は火曜日だから燃えるゴミの日だよ」と電話をすると、「そうか、ゴミの日か、よく教えてくれた。すっかり忘れてた」ありがとうと言うのですが、「寒いから風邪を引かないでね」と付け加えると、「お前も気をつけろよ」と言ったとたんに、ゴミの日であることを忘れてしまいます。

記銘力の低下というのは、こういうことなのです。ゴミの日であることを伝えたら、すぐに電話を切るべきなのでしょうが、会話というのはそうもいきません。

そこで提案です。

複数のメッセージが曜日指定で録音できて、例えば「明日は燃えるゴミの日なので、ゴミを袋に入れておきましょう」という音声が、月曜の午後7時から5分置きに数回流れ、翌朝は、「今日は燃えるゴミの日だよ。8時までにゴミを出しましょう」という音声が8時までに数回流れるような目覚まし時計が開発されたらどんなに便利かと思うのです。

ゴミの収集日が分からなくなったのに、他人に頼むわけにもいかず、しばらくたまったゴミはもう高齢者には手がつけられなくなって、気が付いた時にはゴミ屋敷になっていたという例もたくさんあることでしょう。

ゴミだけではありません。木曜日に開催される高齢者向けの体操教室にも参加したいし、金曜日の歩け歩けグループにも加わりたいのですが、曜日を認識できないために機会を逃してしまうのです。

高齢者世帯の増加はこれからです。単身者も確実に増えていきます。

つまりは、離れた場所から故郷の親を心配している家族も多いということですが、家族にできる支援は限られています。しかし、身近な他人も行政も、ゴミの日を知らせたり、体操教室の日であることを教えてはくれません。

ここは、家電の技術に頼るしかないと思いました。

もちろん操作は家族や福祉関係者がすることになるでしょう。便利であると認識されれば、認知症高齢者対象の福祉用具に指定されて、公的補助や介護保険給付の対象になるかもしれません。

細やかな気配りの得意な日本の技術者のことですから、さまざまなバリエーションを簡単な操作で設定できる商品を開発して頂けることと、心から期待しています。

どうか提案をご一考の上、認知症高齢者の少しでも長い在宅生活維持のためにご貢献下さいますようお願い申しあげます。

早々

※謙一が提供した時計のアイデア

Story
30
用心金

いつでも引き出せるおカネがないと心細いから、年金が振り込まれる通帳と印鑑を返してほしいという電話が房子から入る度に、

「通帳は三度、印鑑は二度紛失して面倒なことになったから、こちらが現金を届けるようにしたんだろ。日曜日にまた生活費を持っていくけど、先週渡した二万円は残ってないのか?」

腹が立つのを抑えて謙一が説明するのだが、

「通帳と印鑑? そんな大事なもの、私がなくすわけがないやろう」

房子には記憶がない。

「長年の習慣で、手元にまとまったおカネがないと不安なのよ。無駄遣いする人じゃないんだし、ある程度の現金を置いてきたらどう?」

という陽子の提案に従って、

「いいかい? おふくろ、数えてごらん。三十万円ある。保険証や診察券と一緒に、用心金としてプラスチック容器に入れて冷蔵庫にしまっておこう。生活費はこれまで通り毎週届けるからね」

房子は一万円札を三十枚、丹念に数えると、冷蔵庫の奥にしまって満足そうだった。

ところが、それから一週間もしないうちに再び房子から通帳と印鑑を返してほしいと電話が入った。

「冷蔵庫は？　プラスチック容器に三十万円あっただろ？」

「冷蔵庫？　何で冷蔵庫におカネがあるんや？」

二人は慌てて房子の家に駆けつけて冷蔵庫を調べたが、プラスチック容器の中に現金はなかった。

「どこへ隠したんだ？」

と房子を問い詰めても無駄だった。

「探そう！　必ず家の中のどこかにあるはずだ」

血眼になって家探しをする謙一夫婦と一緒になって、押入れをひっかき回していた房子が、ふいに真顔で思いがけないことを言った。

「ところで私らは何を探すんやった？」

「用心金の三十万円だよ」

「用心金なら心配いらんぞ」

房子は服の前をたくし上げると、腹巻きの中からふくらんだ茶封筒を二つ、得意そうに取り出してみせた。

Explanation
解説

Story 30
「用心金」

本人の不利益にならない対応に工夫が必要

一般に認知症患者は判断能力を失った人という印象で理解されているようだが、アルツハイマー型認知症の初期症状は記憶障害である。それも、海馬という、脳に入ってきた情報を最初に記憶する組織が働かなくなるため、記憶が失われるというよりも、たった今経験した事実が記憶されない障害と言った方が正確である。ところが、より高次の思考能力は侵されていない。そこで今回紹介したエピソードのような、いかにも珍妙な事例が起きる。

房子はこれまでに通帳や印鑑を度々紛失した事実を忘れている。一週間分の生活費を謙一が届けてくれていることも覚えていない。一方、財布の中の現金を見て、この金額では何か特別な入用のときに心細いという感覚は正常に作動している。そういう時のために、年金が振り込まれる通帳は手元に置いておきたいという思考過程も間違ってはいない。房子の通帳管理能力を信頼できない謙一は、用心金が欲しいという房子の不安を理解して、通帳の代わりに三十万円を房子自身の手で冷蔵庫に保管させた。房子はその時は満足気にしていたものの、謙一が帰った途端、長年培った女の一人暮らしの用心深さが蘇《よみがえ》ったに違いない。冷蔵庫に大金を保管するのは危険である。早速三十万円を二つの茶封筒に分けて腹巻きの前と後に入れ、そのことを忘れてしまった。この瞬間、房子

Story30「用心金」解説

にとっては三十万円という大金を冷蔵庫に保管した事実も、腹巻きに移した事実もなくなった。そして財布の中の金額を見て、いつものような心細さを募らせて謙一に電話したのである。

実はここにアルツハイマー型認知症患者をケアする側の困難と苦悩がある。八十年を超えて生きてきた人間が身に付けた暮らしぶりと、それに伴う感情やプライドは、既に人格レベルに達している。何があっても恥をかかない程度の貯えを持ち、自分のことは自分で決めて責任を引き受けてきた歴史に、本人は自立した大人としての矜持《きょうじ》を感じ、世間は信頼を寄せている。子供の小遣いのように、息子が届けてくれる一週間分の生活費を消費するだけの存在に満足できるほど高齢者は単純な存在ではないのである。

大人として遇するということは、本人の決定を尊重するということである。房子の決定を尊重すれば、腹巻きの三十万円はやがて紛失し、本人は紛失した事実すら覚えていないという事態を覚悟しなければならないが、そんな覚悟は現実問題としてできるものではない。そこで介護者側には、本人に不利益にならない決定を無理なく促す工夫が必要になる。金銭を巡ってその後も続く房子の言動に対して謙一夫婦がどう対応したかを紹介することにより、そのあたりの具体的方法を考えていきたい。

Story 31

腹巻き

用心金として三十万円を渡して以来、穏やかな生活を続けている房子とは裏腹に、謙一夫婦は落ち着かなかった。八十五歳の認知症高齢者が、三十万の大金を腹に巻いて町を歩いている。

「かえって無用心じゃない？」

やめさせるべきだという陽子の意見に謙一も賛成だった。

次の日曜日、一週間分の生活費を渡しに出向いた二人は、房子の前でこんな会話を交わした。

「最近は田舎にも介抱スリという新手のスリが出始めたみたいね」

「嫌な時代になったよな」

すると案の定、房子が関心を示した。

「介抱スリって何だい？」

「外で具合が悪くなった人や、道路を横断しようとしているお年寄りを介抱するふりをして金銭を盗み取る手口のことだよ」

「そんなスリがいるのか…」

「いるんだよ。高齢者を狙う悪いやつらが。だからさ、おふくろも腹に大金を巻いて生活するのはやめた方がいいぞ」

「そうそう。どこかで倒れたお母さんを誰かが発見したとしても、腹巻きの大金に気が付けば、助けるつもりが奪って逃げるかも知れないですもん」

「人間は仏にも鬼にもなるからな」

「そうか…」

房子はにわかに不安になった。確かに救急車で病院に運ばれて真っ先に必要になるのは、保険証であって現金ではない。

「だろ？　俺たちも心配だからさ、用心金はやっぱり冷蔵庫に保管して、毎週届ける生活費だけ財布に入れて持ち歩くようにしたらどうだ」

「分かった」

納得した房子が腹巻きの三十万円を冷蔵庫に移すのを見届けて、謙一夫婦は帰宅した。

「手元にまとまったおカネがないと心細いから、年金の通帳と印鑑を返してくれないか」

房子からまたしても電話が入ったのは、それから三日後のことだった。

Story 31

「腹巻き」

Explanation
解説

強固に記憶されている「不用心」という思い

房子は、謙一の言う通り、用心金三十万円をいったんは冷蔵庫に保管したものの、日に何度も開閉する鍵のかからない箱に大金を収納する不用心さがにわかに不安になって、腹巻きに入れたが、その行動は特異なものではない。比較的治安の悪い外国に出かける旅行者向けに、パスポートや現金を収納する腹巻きタイプの貴重品入れが売られているように、大切な物は身に着けているのが一番という判断は一般論としては正しいのである。

しかし、認知症高齢者の場合は条件が違う。本人はそこに大金が入っていることを忘れてしまう。風呂上りに腹巻きを洗濯機に放り込むことだって想定しなければならないが、それならまだ取り返しがつく。それよりも謙一夫婦は、房子に不測の事態が起きた場合のことを心配した。房子が畑に向かう途中で急に気分が悪くなってうずくまったとしよう。意識は混濁している。駆け寄った通行人は慌てて救急車を呼ぼうとするが、腹巻きのふくらみが、大金の入った封筒であることを知ったとたん、人目をはばかるように周囲を眺めるに違いない。辺りに人影はない…。やがて別の人に病院に担ぎ込まれて意識が戻った房子は、腹巻きに用心金がないことを不審にも思わないのである。

謙一夫婦は、認知症患者に行動変容を迫る場合、頭ごなしの説得はたいてい失敗に終わることを既に学習していた。

「この頃どうしてこう忘れん坊なんだろう…」

房子がそう嘆くのを待って、

「物忘れが治る薬を飲めばいいのに」

という文脈で初めての受診に成功した。

「何もすることがないのは退屈だぞ」

房子のつぶやきを待って、

「退屈な年寄りばかりが集まってゲームをしたり体操したりするところがあるそうだぞ」

という文脈でデイサービスへの参加に成功した。

だから謙一夫婦は、ここでも介抱スリを話題にして、待ちの姿勢を堅持した。

「介抱スリって何だい?」

房子の問いは、それを理解しようとする心の構えができたことを意味していた。

高齢者を狙う悪徳手口の存在を知って、腹巻きに大金を持ち歩く危険を理解した房子は、再び用心金を冷蔵庫に保管したまではよかったが、一夜が明けると一連の経緯を忘れてしまっていた。冷蔵庫などに大金を収納するのは不用心だという思いは、房子の長期記憶に強固に刻まれている。

通帳を返してほしいという房子からの電話を受けた謙一は、不安を伴った古い記憶の前には、どんなに自然なストーリーを展開しても無力であることを改めて思い知ったのである。

Story 32

金銭管理

房子の言う通り、冷蔵庫の現金は消えていた。

「腹巻きは？ また腹巻きの中じゃないのか？」

聞かれた房子は、子供のように服の前をたくし上げて得意そうに腹巻きの中を見せた。こういう時謙一は、房子にからかわれているような小さな怒りを感じてしまう。

再び始まった三人の家探しは、すぐに探す場所がなくなった…と、調味料用のトレーの汚れが目に付いた。油汚れにホコリがこびり付いて大変なことになっている。

（視力も衰えているんだ…）

洗ってやろうと陽子が持ち上げたトレーの下から十五万円の入った茶封筒が見つかった。

「おふくろ、こんな所に隠してるじゃないか」

「私、隠した覚えはないけどなあ…」

「残りの封筒も思いがけない所から見つかるぞ」

ティッシュの箱、額縁の裏、柱時計の中から仏壇の引き出しまで念入りに探した揚げ句、

「ふう…駄目だ。今日のところは諦めよう」

両足を投げ出した謙一は、

「私が隠したもんなら必ず家の中にあるさ。ひょっこり出てくるから、そうがっかりするな」

房子に慰められて苦笑した。

帰宅後、謙一夫婦は事態を整理した。

房子は手元に用心金がないと不安になる。通帳を渡せば紛失する。冷蔵庫に保管した現金はどこかに隠して忘れてしまう。大金を腹に巻く危険性は認識している…となると、

「そうだ！ せっかく携帯電話のポシェットが定着したんだから、現金も一緒に持ち歩いてもらおうよ。手元におカネがあれば不安は減る」

陽子は翌日、少し大振りだが財布と一体になったお洒落《しゃれ》な緑色のポシェットを購入した。

「それでも用心金が欲しいと言ったら？」

「腹巻きに五万円ぐらいが限度じゃない？」

五万円でも大金だが、三十万円に比べれば無くなった場合の損失は少ない。

「腹巻き復活か…」

謙一は認知症高齢者の金銭管理の難しさを思い知って、ため息をついた。

Story 32

「金銭管理」

Explanation

解説

金銭が絡んだ関係の悪化に注意して

三回連続で認知症高齢者の金銭管理をめぐる問題を考えてきた。今回のエピソードで謙一夫婦が苦労したように、認知症高齢者の金銭管理については手元にどれくらいの金額をどういう形で管理させるかが問題になる。房子は手元に用心金がないと不安になるタイプであったが、実はこの点についは認知症を発症する以前の暮らしぶりに関連して複数のタイプがある。

手元の現金を無計画に使ってしまうのは最も介護者を困らせるタイプである。このタイプは生活費を渡した途端、遊興や無駄な買い物に使ってしまって、たちまち窮乏を訴える。生活費を小刻みに渡す以外に方法がないが、小刻みにも限度があるため、おカネがなくてパンも買えないといった訴えに対しては、最終的には給食を取ったり、一定間隔で適当に買い物に連れていくなど、現物を渡す方法でしか対処ができない。もちろんその分本人と話し合って手渡す現金は減額しなければならない。それで現金に対する要求がやむわけではないが、どんな場合でも本人との間で決めた金額は安易に崩すべきではないだろう。

浪費はしないものの、無造作に他人に飲食を奢《おご》るタイプも存在する。自分のところにやってくる他人に気前よく小遣いを渡すタイプなどは、気が付くとたかりの被害者のようになっている。根底に他人に良く思われたいという願望や、普通にしていては相手にされないという寂しさがあるだけに、人が寄り付かなくなった場合に本人が受ける精神的ダメージを考えると対処の仕方はデリケートである。介護者側の経済力にもよるが、一定の金額は認知症高齢者の交際費と考えて、怒りの感情を統御する必要がある。この場合も給食を取るなどして、現金の不足がそのまま生活の困難につながらないような工夫はしておくべきであろう。

房子は無駄遣いはしないが、手元にまとまった現金がないと不安なタイプである。このタイプは用心深い。従って、手元の現金を隠しては、隠した事実を忘れてしまう。金庫を用意すれば、鍵の隠し場所を忘れてしまう。介護者の仕事は、隠す場所を経験的に把握することと、できるだけ少額な用心金で本人の納得を得ることが中心になる。謙一夫婦は房子が一定の用心金を腹巻きに保管することを容認したが、それは房子の現金の隠し方が余りにも巧妙で、発見が困難であると判断したからである。

いずれにしても、昼夜逆転の生活や帰宅困難な徘徊《はいかい》を繰り返すなどの問題行動に至らない段階の認知症高齢者について、最も頻繁に介護者を悩ませるのが金銭管理である。どの場合でも共通して言えるのは、本人との関係を悪化させてはならないということである。金銭が絡むと、一般の人間同士でも険悪になる。認知症高齢者は、出来事は忘れてしまっても、嫌悪する感情は保持している。いったん嫌悪感を抱かれて拒否的な構えを持たれてしまうと、その後の支援ができなくなる。支援の道が閉ざされた認知症高齢者が起こす問題行動は、金銭管理の比ではないことを介護者側は常に想定すべきなのである。

Story 33

満月

最近謙一は、房子から頻繁にかかってくる電話にうんざりしていた。

「なあ謙一、年金が振り込まれる通帳がどこを探しても見当たらないけど、おまえ知らないか？」

「通帳はこっちで預かってるよ」

「頼むからあれだけは返してほしい。下ろして来んとおカネがない」

「通帳はおふくろも納得してこちらで管理することにしたんだろ？　再発行は三回、印鑑だって二度改印したんだぞ」

「私が大切な通帳をなくすはずがない」

「何言ってるんだ。見つかった古い通帳に穴を開けられて窓口でひどくもめたじゃないか！」

感情的になってはいけないと思っても、つい言葉が荒くなってしまう。

「六十万あった現金だって、どこかに隠して失くしてしまった。二十万は封筒に入ってティッシュの箱の底から見つかったけど、残りは分からない。これからは月々渡す現金で生活すると決めて、日曜日に緑の財布に五万円入れてきたばかりだ。まだ火曜日だぞ」

陽子が興奮する謙一から携帯電話を取り上げて、

「あ、もしもし。謙一さんに今別の電話が入っちゃって。私、陽子です。お母さん、緑のポシェット使いやすいでしょ?」

「緑のポシェットって?」

「肩から下げる小さめのバッグですよ。財布が付いて携帯電話も収納できて便利なんです」

「緑のポシェット、緑のポシェット…」

房子がポシェットを見つけるのを待って、

「小さい方のファスナーを開けてみてください…財布になっているでしょう?」

「ああ、あるある…一万円札が五枚と小銭がある」

「良かったですね。あ、今夜は満月ですよ」

「満月? どれ、庭へ出てみようか」

「それじゃ、一旦切りますね」

陽子のやりとりを聞きながら、親子じゃない方がいい場合があると謙一はしみじみ思っていた。

Explanation
解説

本人の関心を別の方向へ振り向ける

アルツハイマー型の認知症は進行性の疾患である。今日できていることが、明日できるとは限らない。身体の衰えなら失われた機能を補うことで目的は達せられる。歩けなくなれば杖《つえ》をつき、杖が駄目でも車椅子を使えば移動ができる。ところが認知症の場合は失われた記憶を補うことはできない。それどころか生活は記憶の上に積み上げられるものだから、建築に例えれば、基礎の部分が崩れると、その上の構造物はひとたまりもなく壊れてしまう。

リモコンの操作方法を忘れれば、数少ない楽しみの一つであるテレビが見られなくなる。コンロの点火方法を忘れると、簡単な調理さえできなくなる。携帯電話の操作方法を忘れれば、家族と連絡が取れなくなる。約束を忘れると、友人たちは離れていく。

テレビが見られず、調理ができず、電話がかけられず、友人のいない生活が、どんなに退屈で不安で孤独で身の置きどころのないものであるかを想像してみなくてはならない。やがてどこかへ出掛けるつもりで家を出たものの、目的を忘れ、帰宅の道を忘れ、途方に暮れている姿が徘徊《はいかい》と呼ばれるのである。

長年一人暮らしを続けてきた房子は、用心深さが身に付いている。その用心深さが災いして、通帳と印鑑を別々の場所に保管しては忘れてしまうため、謙一夫婦が預かった。

生活費は半年分の六十万円を決まった場所に保

Story33「満月」解説

管して、週に三万円ずつ財布に移して持ち歩くことにしたところ、六十万円の方を心配した房子は、二十万円ずつ封筒に分けて別々の場所に隠し、隠した事実を忘れてしまった。やむを得ず謙一夫婦が週に一度生活費を届けることにしたところ、今度は房子は財布の入った手提げ袋を置き忘れるようになった。

幸い、ストラップに玄関の鍵が付いた携帯電話をポシェットに入れて、肩から下げる習慣は定着している。謙一夫婦はそのポシェットを、財布と一体になったものに替えた。こうすれば房子にとって大切な現金と携帯電話と玄関の鍵は、常に身に付けて一緒に持ち運ぶことになる。

おカネがないから通帳を返してほしいという房子からの電話が増えたのはその頃からである。

房子にしてみたら、手元に数万円しかない生活は裸にされたように心細いに違いない。しかも財布が新しいポシェットに変ったことを何度聞いても忘れてしまう。

度重なる電話にその都度穏やかに対応していた謙一も、つい語気を荒げて房子の過去の失敗を突きつけた。

「通帳は三度再発行し、印鑑も二度改印し、銀行の窓口でもめて、六十万円をなくし…」

しかし、房子にとって、忘れてしまえば、そんな事実はなかったことなのである。

陽子は興奮した謙一から電話を取り上げて、現金ではなくポシェットを探す方向へ房子の気持ちを誘導した。ファスナーを開けたところに現金を発見して安心した房子の関心を、陽子はすかさず満月の方へ振り向けた。

房子は謙一との険悪なやりとりを忘れて、しばし美しい満月に心を奪われたのである。

Story
34

灯油ストーブ

今年は冬が早いのか、黄色に色付いたイチョウの街路樹の下を、季節を先取りした女性が派手なマフラーをして通り過ぎていく。

「ねえ、お母さんち、灯油ストーブが二つあったよね。今年あたり、使い始める前に引き上げた方がよくないかな？」

陽子が心配するまでもなく、謙一も頭を悩ませていた。

最近房子はめっきり認知症が進んだ。脱いだ衣服を火のついたストーブの上にうっかり載せないとも限らない。ポンプを使いそこねて、床に灯油をこぼさないとも限らない。悪い想像をし始めると切りがなかった。

「せっかく昼夜二回を給食にしてガスを使う機会を減らしたのに、ストーブの不始末で火事を出したら何もならないからな」

とは言うものの、あの年老いた倹約家が、まだ使えるストーブをおいそれと手放すとは思えない。何かいい方法はないものかと二人は知恵を絞り、翌日謙一が房子に電話をした。

「おふくろ、今年は仲間たちがわが家に集まって忘年会をすることになってさあ、ストーブが足りないんだよ」

あれば貸してくれないか？　と言うと、

「ストーブ？　確か二つあったぞ」

いつも頼るばかりの息子から頼みごとをされるのが嬉《うれ》しいのか、持ってけ持ってけと、房子は二つ返事で承知した。

謙一と陽子は早速、操作が簡単で安全タイマー付きの電気ストーブを購入して房子の家に運び込み、

「代わりに俺たちが使っていた電気ストーブを置いていくね。遠赤外線といってね、暖かい上に、電気代が灯油代の半分なんだよ」

操作方法を教えて、二台の灯油ストーブを引き上げた。

それっきりになっているが、一連の経緯を忘れたのか、房子が灯油ストーブを返してくれと言う気配はない。

Explanation
解説

Story 34
「灯油ストーブ」

頼られたいという人間の欲望に働きかける

一人暮らしの高齢者にとって何より心配なのは火の不始末である。認知症でなくても、仏壇の灯明が倒れたり、天ぷら鍋にコンロの火が引火したりといった火事は、一定の頻度で発生している。ましてやアルツハイマー型認知症を発症して、直近の記憶を保てない状態の高齢者が火を扱うのは、この上なく危険と言わなくてはならない。

謙一夫婦は房子が火を使う頻度を意図的に減らし、家の中の熱源は機会を捉えては電気製品に変えてきた。まずは毎朝やかんを火にかけてお茶を沸かす作業を電気ポットに変えた。これは専用の台にポットを載せてスイッチを押すだけで、素早く沸騰して電源が切れる簡便さが功を奏して、全く抵抗なく定着した。

次に夜だけだった給食を昼夜二回に増やすことにより調理の頻度を激減させた。これによって、ガスを使う回数だけでなく、悪臭を放つ台所の食材ゴミが驚くほど減った。

次に給食のない朝のために、電子レンジで温めるだけのご飯パックを買い置きした。何ワットに設定して何分という説明書を無視して、「あたため」を押すだけで同じ結果が得られることを発見したのは房子自身であった。

たまたま入ったラーメン店で、謙一は小さなIHコンロを発見した。ボタン一つで過熱するシンプルなもので、つけ麺の残りつゆにご飯を入れて

Story34「灯油ストーブ」解説

雑炊を作る目的でテーブルごとに備え付けられていた。商品名をメモして帰った謙一は、早速同じコンロを取り寄せて房子の家のテーブルに置いた。謙一に促され、房子が使い捨てのアルミ鍋に入った鍋焼きうどんを載せてボタンを押すと、炎も立てずにたちまち煮上がった。湯気の立つおいしさに感動した房子は、それ以来、インスタント麺やおでんを盛んにＩＨコンロで温めて楽しんでいる。

問題は灯油ストーブであった。耐震装置がついて、揺れの危険は回避されたとはいうものの、認知症高齢者の行動は予測ができない。ハンガーに掛かった洗濯物の真下にストーブを置いて出掛けてしまえば発火の危険がある。加湿目的で載せておいたストーブ上の鍋を運び損ねれば熱湯を浴びる可能性もある。そこで灯油ストーブを電気ストーブに替えるために、謙一は頼られたいという人間の欲望に働きかけた。

「忘年会用に灯油ストーブを貸してほしい」

息子からの依頼が房子は嬉《うれ》しかった。人に頼ってばかりの日常で、自分でも人の役に立てると思える瞬間は、雨戸から陽が差したように晴れがましかった。房子は灯油ストーブの貸し出しに喜々として同意したが、翌日には貸した事実を忘れてしまった。

謙一はそれを見越して安全タイマー付きの電気ストーブを置いていったのである。

Story
35

ガスコンロ

「ふぅ。めっきり寒くなった」

スーパーから帰ってきた房子が、お茶を沸かそうと、コンロにやかんをかけて火をつけた時、固定電話が鳴った。房子が火にかけたのはやかんではなくて電気ポットだったが、電話に出た途端に火をつけた事実を忘れてしまった。電話を済ませて台所に戻ると、ポットが燃えていた。慌てて火を消した房子は、表面が黒くただれた電気ポットを前に呆然《ぼうぜん》とした。

「おふくろ、火事だけは気を付けてくれよ」

耳元でいつもの謙一の声が聞こえた。

幸い電話が短い時間で終わったので大事には至らなかったが、溶けたプラスチックが燃えながら床に落ちでもしたら大変なことになるところだった。しかしそんな失態を謙一には言えない。

「もしもし…」

房子からの電話は要領を得なかった。

「火を使ってまだコンロが熱いうちに、うっかり電気ポットを乗せたんやなあ…底が溶けてしまって困っとるんや」

謙一にはすぐに察しがついた。

そしてチャンスが来たと思った。

職場に訳を言って急きょ休みを取り、自宅の電気ポットを持って房子の家に走った。

表面のただれ具合から見ると、やはり房子は電気ポットを火にかけたのに違いない。

「代わりのポットを持ってきたけど、コンロは大丈夫か？」

謙一はガスの噴き出し金具をほんの少しずらして点火した。カチカチ…と自動点火の音がして、ガスはボッ！ボッ！と変則的な炎を立てた。

「こりゃあ溶けたプラスチックが穴を塞いでるから使えないぞ」

新しいコンロを買おうかと誘う謙一に、

「こんな恐ろしいものはもう使わない。取り外してくれ」

火の元だけは大丈夫と言っていた房子が初めて折れた。こうして謙一は房子の家からガスコンロを引き上げて、火事の不安からまた一つ解放された。

好ましい決断を促す技術「ストーリー・ケア」

認知症を発症した房子の変化に応じて、謙一夫婦がさまざまな方法で対処した足跡を、場面ごとに切り取って物語風に描写してきた。病気の発見、スクーターの断念、受診、要介護認定、給食導入、デイサービスの利用、灯油ストーブの撤去…。ひとつこじれれば実現の難しい局面を、二人は丁寧に乗り越えてきた。根底に流れている考え方の本質は、決して行動変容を無理強いするのではなく、房子の意思を尊重することであった。それも、ただ尊重するのではなく、房子が自らそうしたいと思うように感情を誘導することであった。

人は感情の動物である。正しいことだと分かっていても、感情的な反発を抱けば実行しない。「ご飯とおかずを交互に食べなさい」と言い聞かせても頑《かたく》なにおかずばかりを食べたがる二歳児が、「さあ、ご飯のあとはウインナーにする？ 玉子焼きにする？」と尋ねることでやすやすと食べ方を変えることがあるように、少し工夫してその気にさせる技術が認知症のケアには求められるのである。

ここに至って、私はその手法を「ストーリー・ケア」と呼ぶことにしたい。つまり、認知症患者の記憶が保持される時間的範囲内で、一定の目的を持ったストーリーを設定することによって、患者に好ましい決断を促す技術のことである。ストーリーは会話だけのこともあれば、行動を伴うこともある。

Story35「ガスコンロ」解説

「おふくろ、介護保険証はあるか?」

「掛け金を毎月五千円近く取られるだけで何の役にも立たん保険のことか?」

「そうそう、そういう人のためにわざわざ市役所から職員が出向いてきて、いつでも使える保険証へ切り替えてくれるらしい」

「それはありがたいなあ」

「日常のことをいろいろ質問するそうだけど、一緒についていてやろうか?」

「そんなことぐらい私一人で大丈夫や」

房子の要介護認定は会話の展開だけでスムーズに済んだ。

一方、ガスコンロの撤去は会話だけでは困難だった。房子がうっかり電気ポットをコンロにかけて焦がしてしまった失敗をチャンスと捉えた謙一は、急きょ休みを取って房子の家に走った。高熱で溶けたポットを目の当たりにして、さぞかし房子は恐ろしい思いをしたに違いない。その記憶が失われないうちに、ガスコンロの使用を諦めさせなくてはならない。

新しいポットに取り替えた後、謙一はガスの噴き出し口の金具をほんの少しずらして点火した。ボッ!ボッ!という変則的な炎が、ガスはもうこりごりだという房子の感情を誘導した。

「ガスはもう使わない。取り外してくれ」

認知症高齢者を支援する上で最も手こずるはずのガスコンロの撤去を、房子の自発的な意思に従う形で実行するためには、休みを取って出向くタイミングと、ガスの金具をほんの少しずらして点火する機転が必要だったのである。

失火原因になりそうなものを引き上げる度に隣家に報告して安心してもらったのは言うまでもない。

Story 36

美容院

房子の髪の毛が伸びた。

「おふくろの頭、随分伸びたなあ」と言う謙一に、

「頭が伸びたら福禄寿だ。伸びたのは髪やろ?」

房子は機嫌よく冗談で返した。

お盆に短くカットした白髪が無造作に耳を覆って、首筋で雑草のようにはねている。

「そうだ、美容院に行きましょうよ」

陽子が明るく誘ったが、

「年寄りが行くのは美容院じゃなくて病院や」

今日は房子の冗談が冴《さ》えている。

髪は自分で適当に切るから余計な気遣いをするなという房子の耳に口を寄せて、

「謙一さんは自慢のお母さんに綺麗でいてほしいんですって。さあ、行きましょう」

陽子は半ば強引に房子の手を引いた。

電飾看板が動いているから営業中だと分かるものの、美容院の店内には人影はなかった。

「ごめんください。あの…お留守ですか？」

声をかけると、二階から下りてきた店主は房子と大して変わらない年格好の女性だった。

「短めにカットしてください」

と陽子が言うより早く、

「あれ、房子さん。久しぶりやねえ」

店主は客が来たのが嬉《うれ》しいのか、早速手際よくハサミを使いながらひどく饒舌《じょうぜつ》だった。

「房子さんは若いねえ。髪の毛も多い。私より十歳は上なのにねえ…」

店主を覚えていない房子は、鏡の中で黙って笑っている。美容院に行きたがらない理由はこのあたりにあるのかもしれない。

「それにしても、房子さんは健康で幸せだよ。町内の和子さんは最近デイサービスに通うようになったらしいけど、体は元気なところを見ると、気の毒に、認知症…」

と言おうとする店主の言葉を遮って、

「お母さんもデイに通ってるけど、楽しいところですよね」

陽子の言葉に房子は素直にうなずいた。

Story 36
「美容院」

Explanation
解説

事実をオープンにして風通しの良い人間関係を

認知症は誤解を受けやすい病気である。

『一度獲得された知能が，後天的な大脳の器質的障害のため進行的に低下する状態』

辞書でこう定義されると、知能低下…すなわち、まともに会話が成立しない人というイメージで受け止められてしまう。しかし房子の場合、アルツハイマー型認知症の初期段階である。

「おふくろの頭、随分伸びたなあ」

と謙一に言われれば、

「頭が伸びたら福禄寿だ。伸びたのは髪やろ？」

と冗談で返す能力がある。ただそんな会話を交わした事実を忘れてしまう。謙一夫婦が先週来たことも忘れてしまい、

「長いこと見なんだけど元気だったか？」

などと真顔で言うのである。

房子は思考力も感情も正常で、記憶だけが欠落した世界を生きている…ということは、房子にとっては初対面の人が、共通の記憶があることを前提に話しかけてくるのである。「先日はどうも」などと笑顔で言われても、相手が誰だか房子には分からない。そのくせ房子は、「あなたは誰ですか」と尋ねることが大変失礼で、ひいては自分の恥になることが十分認識できる。いきおい房子は自分をそのような立場に置くことを好まない。だから美容院には行きたがらないのである。

陽子はそのあたりの房子の気持ちを理解した上

で、息子を慕う母親の心情に訴えた。

「謙一さんは自慢のお母さんに綺麗でいてもらいたいんですって」

さあ、行きましょうと、すかさず手を引いた。

「そんな見苦しい髪じゃ私たちが恥ずかしいですよ。お願いですから美容院へ行きましょう」

などと説得しようとすれば、房子の拒否は頑《かたく》なさを増したに違いない。

美容院では、まあお珍しいと迎えられた。

店主は房子のことをよく知っていたが、房子には見覚えがなかった。久しぶりだとか、十歳は年上だとか言われても、房子は黙って笑っているしかなかった。

店主は、嫁に付き添われてきたという事実だけで、房子の状態を察するべきであった。しかし奇異な様子のない房子が、まさか認知症とは思わず、町内の和子の近況に話題が及んだ。

「和子さんは最近デイサービスに通うようになったらしいけど、体が元気なところを見ると、気の毒に認知症…」

陽子は咄嗟《とっさ》に遮って、

「お母さんもデイに通ってるけど、楽しいところですよね」

房子が認知症であることをさりげなく打ち明けた。

知らないから本人の前で不用意な会話が交わされる。少し付き合えば簡単に露見する認知症をひた隠しにして、風通しの悪い人間関係に苦しむより、理解してもらう方がいい。謙一夫婦はその点で意見が一致しているのである。

Story 37

入浴

一週間ぶりに房子の家を訪ねた帰り道、

「男はこういうこと気が付かないかもしれないけど、お母さん、今日も先週と同じ服着てたわよ。ちゃんとお風呂に入ってるのかしら…」

陽子が助手席でぽつりと言った。

謙一はにわかに不安になった。

翌日、デイの事業所に確認すると、

「毎回お誘いするのですが、お風呂は家で入るからいいとおっしゃって…」

一度も入浴したことはないという。

「どうしよう…」

入浴を拒否するお年寄りが多いことは謙一も聞いたことがある。しかし入れば気持ちがいいはずの風呂をなぜ房子は嫌がるのだろう。

「お母さん倹約家だから、擦り切れた古い下着をずっと着てるでしょ。あれじゃ人前で服は脱げないわ」

やがて陽子は新しい冬用の下着を三組買ってきて、その全てに房子の名前を書いた。二組は着替えで、もう一組は着替えを忘れた時のために事業所に預けるという。陽子はそれを手紙と一緒に事業所に送った。

『母が忘れた時の用心に着替えを一組送ります。仕舞湯《しまいゆ》で構いませんから慣れるまで母を一人で入浴させて下さい』

次の日曜日、謙一は機会を見つけて房子に話しかけた。

「それにしても困った世の中だなあ。灯油の値段が倍になるんだってさあ」

「え？ 倍になるのかい？」

「これから風呂沸かすの、高くつくぞ」

と聞いて困った様子の房子に、

「ちょうど特売見つけたから冬用の下着を二組買ってきてみました。デイで入浴すれば、浴槽は洗わなくていいし、脱衣場は暖かいし、費用はかからないし…この下着、半額だけど新しいから、お風呂の日に着てくださいよ。」

一度どんなお風呂か見てきてください、と笑う陽子に、房子はこっくりと頷《うなず》いた。

Story 37
「入浴」

Explanation
解説

灯油の値上げと下着の特売を演出

友人がスウェーデンの先進的福祉の視察から帰ってきてこう言った。

「日本の介護が大変なのは、肩まで浸かるお風呂だよ。向こうはシャワーだろ。介護の負担が全然違う」

確かに湯船に浸かって体を伸ばさないと「気分」の出ない入浴習慣は、シャワー椅子に腰を下して体を洗う彼の国の入浴介助に比べれば介護者の負担は格段に重い。しかし入浴を拒否する認知症高齢者の場合、まずは風呂に入ろうという気持ちを喚起する時点から困難を極めるのである。それにしても、風呂好きな民族として定評のあるはずの日本人が、認知症になるとかたくなに入浴を拒む例が増えるのはなぜだろうか。

認知症の中核症状は記憶障害である。

居間へ何かを取りにきて、ふと目的が分からなくなることは誰にでもあるが、それが常態であると考えれば、その大変さは想像がつく。浴槽を洗い、適量の湯を張り、着替えを準備するという一連の行為を、入浴という目的を維持したまま遂行することは難しい。そもそも食欲と違って、入浴は社会的行為である。我々は空腹を満たすのと同じレベルで風呂に入りたいとは思わない。第一、入浴したかどうかの記憶がないのだから、一人暮らしの認知症高齢者が家庭浴から遠ざかるのは当然と言わなくてはならない。そこで関係者は、デ

Story37「入浴」解説

イサービスでの入浴を勧めることになるが、ここに次のハードルが立ちはだかる。

社会的活動から遠ざかった高齢者は身支度に無頓着になる。しかも高齢になれば自由に使える金額が減る。謙一が毎週届ける現金で一週間の生活を賄う房子に下着を新調するゆとりはない。いきおい使い古した下着を身に着けることになるが、それを人目にさらすことに対する羞恥心は入浴をためらう原因の一つであろう。

長年の単身入浴の習慣によって、複数での入浴に気後れを感じている可能性もあるだろうし、デイで入浴すれば、自宅で入浴できない人だと思われはしないかという危惧があるかも知れない。それやこれやに配慮しながら、謙一夫婦は房子にデイでの入浴を促した。

灯油の値段が倍になるという世間話を導線に、家で風呂を沸かすことの不経済を嘆く謙一に、戦中戦後を倹約を旨として生きてきた房子は反応した。デイサービスで入浴すれば費用はかからないという陽子の言葉が、房子にとって朗報になった。いったん朗報として受け止めてしまうと、浴槽を洗う必要がないことも、脱衣場が暖かいことも、またとない好条件のように感じられた。そこへ、たまたま特売があって、下着が半額で新調できた偶然が重なれば、房子に入浴を拒む理由はなかったのである。

Story 38

キャンセル

給食の宅配業者から房子の昼食を預かってほしいと言われて、隣に住む信子は胸騒ぎがした。今日はデイサービスの日ではない。給食が来るのが分かっていて玄関に鍵がかかっているということは、家の中で異変が起きているのかもしれない。慌てて携帯電話をかけると房子が出た。

「もしもし、房ちゃん。私やけど、大丈夫?」

「ああ信ちゃんか。今、学校やから切るよ」

「もしもし房ちゃん、もしもし?」

それっきり房子は電話に出なかった。

平日に学校で住民対象の行事があるはずがない。給食を放っておいて、房子は何をしに学校へ行ったのだろう。何かの思いに駆られて学校へ出向いたものの、帰れなくなっているとしたら大変である。家族なら事情が分かるかもしれないと思った信子は、陽子の携帯に電話した。

「え? お母さんが学校に?」

小学校に探しに行ってみるという信子に、

「電話に出たのなら無事でいるということですから、もう少し様子を見てください」

弁当の保管を信子に頼んで、陽子は房子の携帯に電話をし続けた。ただいま電話に出られません…というメッセージを嫌というほど聞いたあとで房子が出た。周囲でにぎやかな声がする。

「お母さん、今どこですか?」

「どこって、ここは学校…やろ?」

「近くに誰かいますか?」

「先生に代わろうか?」

電話に出たのはデイの職員だった。

「あれ?今日はデイの日でしたか?」

「いえ、確かキャンセルがあれば参加させてほしいと希望されていたと思いますが…」

「ああ、そういうことですか。安心しました」

房子はデイを学校だと思っているらしい。

房子の生活は複数の人が支えている。

陽子は、信子と給食業者に電話して事情を説明しながら、突然の日課の変更を関係者で共有することの必要性を感じていた。

Explanation
解説

Story 38

「キャンセル」

過不足ない情報を共有できるネットワークを

通常人間は目の前の人とむやみに緊張関係になりたくはない。そこで偶然出会った相手から、

「きょうは少し暖かいですね」

と挨拶《あいさつ》されると、たとえ肌寒いと感じていても、

「ええ、過ごしやすくて助かります」

と答えてやり過ごす。

しかしこの時、脳の中では大変高度な作業を瞬時にやってのけている。

まずは「暖かい」という言葉を理解しなければならない。その上で自分が感じている「肌寒さ」との比較をし、「暖かくはないぞ」という反発を感じながらも、こんな些細《ささい》なことで無用の緊張関係に陥るべきではないという、全く別の判断基準に従って自分の気持ちを曲げ、過ごしやすくて助かると嘘《うそ》をついているのである。この反応はロボットでは難しい。

寿司でも食うか、悪くないね。映画を見ようよ、それもいいね。ちょっと席を替わってくれないか、どうぞどうぞ。このケーキ美味《おい》しいね、私も大好きよ。

人が人と関わる場面で相互に交わされるこの種のやりとりが、脳内活動を活発にし、認知症の進行を妨げる。その複雑さと高度さは、一方的にテレビを見たり本を読んだりすることによって生じる活動とは質が違う。家庭内の固定的な人間関係の中で生じる活動とは量が違う。高齢者が家の中

Story38「キャンセル」解説

に引きこもって、再放送の時代劇に明け暮れるようになったら危険信号である。認知症高齢者の支援者は、経済的に許される限り、デイへの参加を促して脳内活動を促進すべきなのである。

房子は週二回のデイサービスに慣れた。謙一夫婦はできれば回数を増やしてほしいと希望した。たまたまキャンセルがあって、その週のデイが一回増えたのはよかったが、謙一夫婦に連絡がなかった。給食業者が房子に昼の弁当を届けに寄ると、玄関に鍵がかかっていた。日の当たる玄関先に生ものを置いていくわけにもいかず、業者は隣家の信子に保管を頼んだ。頼まれた信子も、房子が変則的にデイに参加したことを知らなかったために、房子の身に異変が起きたのではないかと心配した。携帯電話に出た房子が、デイを学校と表現したことによって情報は混乱し、謙一夫婦を巻き込んで、あわや近隣の学校まで捜索に出掛けるところだった。

ネットワークと言葉で言うのは簡単である。しかし、関係者がリアルタイムで過不足のない情報を共有するためには、情報の発信者に本人の生活状況に対する細かな観察力と想像力が要る。デイの職員が中心になるのか、ケアマネジャーを経由すべきかは実情によるだろうが、たった一日、房子のデイを増やすだけでも、家族、給食業者、隣家の三者については情報が届く配慮が必要だったのである。

Story 39

グループホームⅠ

房子からの電話は珍しく固定電話からだった。

「携帯のかけ方が分からんようになったんよ」

謙一と陽子はその時、房子の在宅生活が限界に近づいていることを知った。

ガスコンロは既に撤去した。一週間分の生活費を運ぶ生活にも慣れた。携帯電話に玄関の鍵を結わえ付けて、戸締りと連絡手段を一体的に確保した。ところが携帯電話が操作できないとなると安否確認さえ不可能になる。

「ここで一緒に生活してもらおうか？」

と陽子は言うが、年末年始をマンションで過ごしただけでも、房子は表情を失って死んだようになる。

「ここじゃ無理だろう…」

「国道を渡った所にグループホームができてる。あそこなら頻繁に面会に行ける」

「いや、面会より環境の問題だよ。一度も故郷を離れたことのない人だからね。故郷の言葉の中でしか暮らせない」

「でも故郷の施設だと、お母さん、家に帰るって言い出すじゃない？」

「確かにその心配はあるけど、言葉が違う、見慣れた山はない、周囲はビルばかりの都会ではおふくろ、鬱《うつ》になっちゃうぞ」

「故郷か、私たちの近くか。これは難しい選択ね」

「故郷の施設で暮らしてもらって、週に一度は必ず家に連れていくってのはどうだろう」

「それじゃ施設に馴染《なじ》めないんじゃないかなあ。落ち着くまでは面会程度にしておかないと」

「なるほど…これも難しい問題だなあ」

「面会や外泊は自由なの？」

「玄関には鍵がかかってるの？」

「行き先を告げれば買い物には行けるの？」

陽子の質問に謙一は何一つ答えられなかった。

「私たちグループホームのこと何も知らないわね」

「いくつか見学してみる必要がありそうだな」

二人はまずはグループホームの現実を知るところから始めなければと思っていた。

できるだけたくさんの視点でホームを検討する

　認知症の高齢者を対象としたグループホームは、いわゆる入所施設ではない。介護保険法上は認知症対応型共同生活介護と称する地域密着型の在宅サービスである。

　国は介護保険サービスを設計するに当たり、在宅三本柱として三つのサービスを用意した。ホームヘルパーが訪問し、週に何日かはデイサービスに通い、家族がどうしても都合が悪い時には、ショートステイと言って、一週間程度の期間を施設で生活をしてもらう。この三つのサービスがあれば高齢者を在宅で支えられると考えていたが、それでは支えられない対象として浮上したのが認知症高齢者であった。

　認知症のケアには切れ目がない。認知症患者は、人的なものも含めて環境の変化に順応するのが難しい。時間を決めてヘルパーが訪問しても、時々トイレの場所を間違える程度の人にどんなケアをすればいいのか。食べ物と見れば手当たり次第食べてしまう人にいったい何ができるのか。掃除をすれば怒る。入浴は拒む。デイへの参加には抵抗し、ショートステイを利用すれば激しく混乱する。そこで、例えば空き家になった民家を改造し、少人数が、馴染《なじ》みの職員のさりげないケアを受けながら、勝手の分かった生活をする。そんなイメージで設けられたのがグループホームのはずであった。ところが、２０００年、社会福祉基礎構造改

Story39「グループホームⅠ」解説

革の一環で、設置主体が社会福祉法人だけでなく、営利会社からＮＰＯにまで開放されると、実にさまざまなグループホームが誕生した。さらに２００６年、群馬県のグループホームで火災が発生したのを機にスプリンクラーの設置が義務付けられると、民家を再利用するタイプは少なくなった。

９人が生活する単位をユニットと言うが、グループホームはあくまでもアットホームな住居としての運営を可能にするために、原則として２ユニットまでの運営しか認められていない。当然、中央に事務所を置いて両翼にユニットを展開する形態と、一階に事務所を配して二つのユニットを上に積む形態が中心になる。土地にゆとりのない都市部になるほど上に積むタイプが増える。平屋か二階建てかによって、中の雰囲気はまるで違う。木造かコンクリートか、職員は若いか比較的高年齢か、よく辞めるか定着しているか、職員同士は仲が良いか、食事は施設内で調理するか調理済みのものを温めるか、入居者の生活は単調過ぎないか、地域に開かれているか閉鎖的か、病気になったときの対応はどうなっているか、ケアの限界を超えた場合、次の行き先を紹介する体制はあるか、保険外の費用は適切か…。できるだけたくさんの視点で検討するに越したことはない。

しかし、どんなに多くのホームを見学しても、本人にとって最も重要な条件が立地だとすれば、選択肢は限られている。

謙一と陽子の迷いは始まったばかりである。

Story
40

グループホームⅡ

複数のグループホームを見学した結果、

「やっぱりあなたの言う通り、お母さんは故郷のホームじゃなきゃ無理ね」

謙一と陽子の意見は一致した。

「長年古い日本家屋に住んでいたんだ。壁に油絵を飾った洋風建築じゃ落ち着かないよ」

「若い職員が営業トークと営業スマイルでマニュアル通りに働いている施設も、ファストフードのお店みたいで何だか冷たい感じがしたわ」

「最期まで看取ることを売りにしている施設は、状態の悪いお年寄りが多くて、病院のように活気がなかったしなあ…」

「元気なお母さんが入ったら、自分の近い将来を見せつけられるようで、きっと気が滅入る」

「しかし元気な人ばかりがカラオケを歌っていた施設は、寝たきりになると出なくてはならないと言ってたぞ。家族としてはそれも困る」

「バックに医療機関があって、受け皿として療養型の施設が作ってあるって」

「まるで老人産業だなあ…その先には葬儀業者と墓石店が待っている」

「そこへ行くと、広々とした畑のある田舎のグループホームは良かったわね」

「経営者が自分のお父さんを預けたグループホームのケアに満足できなくて、資金を募って理想のホームを作ったと胸を張っていた」

「近所のお年寄りも一緒に草取りしてたね」

「しかし作業が終わると近所のお年寄りがそれぞれの家に帰っていくのに、自分たちはホームに残るっていうのも寂しいだろうな」

「ホームを自分の家だと思ってもらうまでが大変だね」

「大変だよな…」

二人の脳裏に家に帰ると言い張って職員を困らせる房子の姿が浮かんだが、それを打ち消すように、

「これから衰えるばかりなんだから、元気なうちに安心して暮らしてもらわなきゃね！」

陽子がそう言って勢いよく台所に立った。

Story 40

「グループホームⅡ」

Explanation

解説

在宅か、ホームに移るか、悩ましい分岐点

アルツハイマー型認知症の主症状は、記憶障害と見当識障害である。記憶には記銘と保持と想起の三つの側面があるが、病状が進行した患者は記銘力が分単位にまで制限されるため、例えば何かを見つけようと戸棚を探しながら、何を探しているのかを忘れてしまう。目の前の人と談笑していながら会話の主題を忘れてしまう。言語能力と思考力は保持されていても、記憶の障害によってそれが持続しないので、会話は「今」という刺激に反応しているに過ぎなくなる。当然、日常の些《さ》細《さい》な約束すら守れない。

継続も蓄積もしない関係に疲れ果てた家族が、本人を避けたり、無視したり、疎んじたり、叱責《しっせき》したりすると、正常に機能している本人の記憶以外の脳は、理不尽な扱いを受けた一人の人間として当然の反応を示す。疎外、孤独、屈辱、失望…。さまざまな負の感情に駆られて表出される、怒りや、嘆きや、抑うつ行動の大半が、周辺症状と呼ばれて周囲を困らせるのである。

従って、人との摩擦が少ない環境に置かれた場合の方が本人は落ち着いていられる。不適切な対応を繰り返す家族と同居している場合よりも、思ったように振る舞って干渉を受けない一人暮らしの高齢者の方が、認知症の進行の割には在宅生活が保たれるのはそのためである。

房子の場合は後者であった。勝手の分かった自

Story40「グループホームⅡ」解説

分の家で、両親の位牌《いはい》を守りながら、変化に乏しい生活を繰り返している。しかしここに見当識障害が加わった途端に事情は一変する。携帯電話の操作方法が分からなくなるのは、短期記憶の障害とは質が違う。一人で骨折でもすれば誰にも連絡を取れないまま取り返しがつかない事態だって考えられる。房子が初めて受診した頃は、謙一と携帯でメールのやりとりができていたことを考えると、ここ一年余りで症状は思いのほか進行している。このペースで病気が進めば、買い物に出掛けたまま帰ってこられなくなる日もそんなに遠い将来ではない。だとしたら、まだ人との交流が可能なうちに、グループホームという安全な環境に身を置いて、新しい生活に馴染《なじ》んだ方がいいと考えるか、破綻を来たすまでは在宅生活を続けるべきと考えるか…ここが認知症ケアの悩ましい分岐点である。グループホームに入居すれば環境の変化に戸惑って間違いなく病状は進む。しかし、在宅生活が破綻してからでは身を寄せる施設は限られる。本人の意思を尊重すれば、一日でも長く住み慣れた自宅での生活の継続を図るべきであるが、肝心の本人の意思は、自分の現状についても、将来の困難についても、正しく認識する力を失っている。謙一と陽子は、房子にとって故郷のグループホームが最も相応しい環境であると判断した。その判断を間違いだとは思わないが、一方で、家に帰ると言い張って職員を困らせる房子の姿を想像して心は乱れるのである。

Story 41

グループホームIII

房子にグループホームへの入居を勧める日、謙一と陽子は房子の前でこんな会話をした。

「俺も年を取ったぞ。人間ドックで前立腺の異常を指摘されて精密検査を受けた。幸いがん細胞は発見されなかったけど、最近もの忘れもひどくて、やれ財布がない、やれ携帯電話を忘れたと、一回で玄関を出られたためしがない」

「来年はあなた老齢年金だもの。頭も体も衰える。仕方がないよねえ、お母さん」

「しかしこの調子で自分のことができなくなったらどうなるんだろ」

「夫婦二人でいる間はいいけど、問題は一人になって生活が大変になったときだよね」

「子供たちは頼れないしなあ…」

「定年が延びて、みんなまだ働いているからね」

「おい、俺たちよりまずはおふくろだよ。これから先は衰える一方だろ？やがて携帯電話はかけられなくなる。転んで骨折しても救急車が呼べない。食事も買い物も洗濯も大変になる。

しかし故郷は離れたくない。そうなったらどうする？　おふくろ」

「近くにどこか世話をしてもらえる施設はないのかい？」

「あるよ。今は施設というよりもアパートみたいになっていて、三度の食事は十人程度が一緒に食堂で食べるし、お風呂も共同だけど、冷暖房完備の個室だし、終日職員がいるから何があっても安心だ」

「へえ…それはいいなあ」

「今まで通り、俺たちが会いにいく日は外出して、外食も買い物も自由にできる」

「しかしそういう所は費用が高いんだろ？」

「いや、給食と同じで家族を扶養する費用は俺の職場から出るから、おカネの心配はいらない」

「私はそういう所で世話になりたいなあ」

「それが人気があってなかなか入れないんだよ」

「申し込んでおくことはできないのかい？」

「申し込んで順番がきたら断れないぞ」

するると、せっかく回ってきた順番を断るものかと房子はあっけなく入居を了承した。

Story 41

「グループホームⅢ」

Explanation
解説

ストーリー・ケアでごく自然に入居する流れに

最近は意思決定支援という概念が注目を集めている。つまり自分のことは自分で決めるのが人間の尊厳の基本であり、介護者が本人の代わりに決めたり、結論を押し付けたりしてはいけないという考え方のことである。しかし一般に我々は、何もないところから一人で敢然と意思決定をすることがあるだろうか。


「何を食べよう？」

「う〜む、何がいいかなあ？」

「またしても寿司じゃなあ」

「天ぷらでも食うか…」

「天ぷらは値段の割に量が少ないぞ」

「うなぎはどうだ？ やがて食えなくなる」

「うなぎか…値は張るが悪くないな」

「じゃ、予約するぞ」


といったやりとりで決まるのが通常ではないだろうか。当初、思ってもみなかった「うなぎ」が、会話という相互作用の中で出てくる点が興味深い。どちらかがうなぎを食べたくないと思っていたら、さらに会話が続いたあげく、焼き肉に落ち着いたかもしれないのである。とすると、うなぎを食べたいという気持ちは、積極性の程度は別にして、二人の意識に潜在していた意思と考えていい。もちろん提案者から面倒くさいやつだと思われたくないという配慮が賛同者に働いている場合も往々にしてあるが、それも含めて意思決定の内

Story41「グループホームⅢ」解説

容と考えていい。

意思は点でも面でもなく、たくさんの要素で構成された立体である。一人の人間が施設入所の意思を決定するときも、決定要素は単純ではない。現在の生活に対する不安、施設の居住性、子供たちの心配に対する配慮、費用、世間体、将来予測、残していく家に対する気掛かりなどなど、実に様々な要素に、そのときの感情が肯定的に作用したとき、建設的な結論が出る。

謙一夫婦は、房子に対していきなりグループホームへの入居を説得することをせず、まずは自分たちの老後の不安を話題にした。そのことによって房子自身も自らの現状と行く末を客観視することができた。続く会話で、誰もが子供には頼れない現実や、施設に入居しても費用がかからない安心感、たくさんの人が入居を待っている状況、快適な施設生活の内容について触れ、途中では謙一夫婦がこれまで通り頻繁に面会に訪れるつもりであることを話した。房子の感情は、スムーズな会話の流れに乗って、ごく自然に入居に傾いた。

これがストーリー・ケアである。謙一夫婦の意図が働いているという意味では、純然たる本人の意思決定ではないかもしれないが、冒頭のうなぎの例を思い出してほしい。我々は、何もないところから一人で敢然と意思決定をすることは少ないのである。

Story 42

グループホームⅣ

房子の了解を得てグループホームを申し込んだ謙一と陽子は、対象が認知症ばかりであることを意識させないために、グループホームのことを「安心アパート」と呼んだ。そして房子が現金をなくしたと言えば、

「安心アパートだったらおカネは事務所で管理してくれるから心配はないのになあ…」

風邪気味だと言えば、

「こんな時、安心アパートだったら看護師がお医者さんを呼んでくれるのにね」

暑いの寒いのと愚痴を漏らせば、

「安心アパートなら冷暖房完備で快適なのになあ」

「早く空くといいね」

「早く入れるといいね」

と言い暮らしていたために、ホームから入居可能の連絡を受けた時は、

「空いた！ 空いた！ おふくろ、ようやく安心アパートが空いたよ」

宝くじでも当たったかのように房子に電話した。

「そうか。それは嬉《うれ》しいなあ！」

房子もいきおい喜んでみせた後で、

「でも…すぐに入るわけじゃないんだろ？」

わずかに戸惑いを見せた。

「もちろんおふくろが嫌がれば断ることになるけど…」

「けど？」

「とにかくこの種のアパートは人気があって、俺の同級生のおふくろさんは、一人暮らしが難しくなったけど、地元に適当な所が空いてなかったために、隣町で暮らしてるらしいよ」

「この年で知らない土地は嫌だなあ。結局、入れる時に入っておいた方がいいってことか…」

「だんだん元気になる年齢じゃないからな。去年の今頃は、ほら、おふくろもメールができていたんだぞ」

謙一は携帯画面を見せた。そう言えば最近は電話のかけ方が分からなくなることがある。

「とにかく一度見に行こう」

と促されて、房子は真顔で頷《うなず》いた。

「安心アパート」のストーリーで前向きに

房子に記憶障害が目立つようになってから、診察、要介護認定、デイサービスの利用…と進み、いよいよ場面はグループホームへの入居に至った。全編を通じて流れていたのはストーリー・ケアという考え方である。ストーリー・ケアとは、介護者の意図を無理やり本人に押し付けたりせず、会話の前後に方向性を持ったストーリーを設定することによって、肯定的な感情を伴った本人の自発性を引き出す工夫である。

人間の心は発電機付きの風車のようである。風が吹かなければ回らない。風が吹けばくるくる回って感情というエネルギーを出す。風向きによって生まれる感情は肯定的だったり否定的だったりする。たいてい風は誰かとの会話であることが多い。

「旅先でとっても美味《おい》しそうな干物があったから買ってきたよ」

と言われた側の心に生じるエネルギーは肯定的であるが、

「干物なんて珍しくもないけれど、旅先ではこんなものしかなくて…」

こう言われた場合、エネルギーは否定的になる。ストーリー・ケアは会話によって生まれる肯定的感情を大切にする。人間は肯定的なエネルギーを得たときに、前向きになるからである。

「旅先でとっても美味そうな干物があったから

Story42「グループホームⅣ」解説

買ってきたよ」

という会話を、ストーリー・ケアの観点からさらに強化すると、

「仕事で熊野に行ってきたよ」

「世界遺産ね」

「熊野灘の海が綺麗でさあ」

「いいなあ、仕事で熊野に行けるなんて」

「でも、どこへ行っても君のことを考えてるんだよ」

「ほんと？」

「海辺のお店にね、すごく美味そうな干物を見つけてさ、君、好きだっただろ？干物…。送っても良かったんだけどね、喜ぶ顔が見たくって」

ほら！と渡せば、渡された側の肯定感は計り知れない。

謙一と陽子は、グループホームを安心アパートと言い換えて、房子の生活に困難が発生する度に、安心アパートで暮らせば解決できることを強調し続けた。

「早く空くといいね」「早く入れるといいね」と聞き暮らした結果、

「空いた！空いた！おふくろ、ようやく安心アパートが空いたよ」

と報告されれば、房子は歓迎せざるを得ない。

あとは、房子の揺れる気持ちを明るく微調整する作業が残っている。

Story 43

グループホームV

その日、房子は安心アパートを見学しているつもりでいたが、グループホームにとっては房子の適応能力を測る面接であった。

「費用は私の職場から補填《ほてん》されて無料と言ってありますのでお含み置きください」

と謙一が事前に伝えていたので、料金については一切話題にならなかった。

「おふくろだけ費用がかからないと聞けば、他の人は愉快じゃないから、絶対に黙っていろよ」

という謙一の言葉を守り、房子も金銭的なことには触れなかった。

「房子さんには、どうしても食べられないものがありますか？」

「私は昔から好き嫌いはありません。何でも食べるよなあ、謙一」

「食べられないのはミョウガだけかな？」

「あ、そうそう。ミョウガは苦手だった」

「毎日服んでいらっしゃる薬はありますか？」

「いや体はいたって元気で、これまで薬らしいものを飲んだことがありません。なあ、謙一」

「風邪引いても、いっぱい着込んで治しちゃうもんね」

「何よりですね。歯は？入れ歯はありますか？」

「おかげさまで全部自分の歯です」

房子は得意そうにニッと笑ってみせた。

「お幸せですね房子さん。八十五歳になって自分の歯で食べられる人はそんなにいませんよ」

一連のやりとりが房子の入居を前提としているため、房子の気分もその方向で動いていく。

案内されたグループホームの居間で、テーブルを囲んでテレビを見ている無言の女性たちに房子が頭を下げると、

「あれ？私、あんたを見たことがある。ひょっとして房子さんでないかい？」

そのうちの一人が房子を知っていた。

近くの施設だとこういうことが起きる。

それが幸いするのか災いするのかは分からないが、口を利く人もなく終日一人で過ごすよりは絶対にいいことなのだと、謙一夫婦は自らに言い聞かせていた。

Story 43
「グループホームV」

Explanation
解説

施設職員は入居者に対して肯定的な言葉遣いを

グループホームの料金体系はさまざまであるが、初期費用を除けば、月額十万円以上三十万円以下が一般である。介護保険給付の適用になる者が対象なので、要介護度に応じて介護サービス部分の費用が変わってくる。従ってグループホームを選ぶに当たっては、費用と負担能力との折り合いが問われることになる。

負担の目途が立ったとしても、自分がひと月生活するために、十万円単位の費用がかかることに対する本人の気持ちが障壁になる。房子は節約家である。そして自分が深刻な認知症患者であるという自覚がない。認知症対応型共同生活介護という介護サービスを受けるのではなく、安心アパートに移り住むのだと認識している。月額十万円を超える費用の支払いに納得するはずがない。

そこで謙一は、給食のときと同様のストーリーを設けることにした。離れて扶養する一人暮らしの親に要した生活費用については、職場から補填《ほてん》されるというストーリーを設定した上で、

「おふくろだけ費用がかからないと聞けば、他人は愉快じゃないから、絶対に黙っていろよ」

と口止めをした。もちろん職員にもその旨を伝えて料金関係の話題は避けた。これで房子は自分だけが特別であるという密《ひそ》かな優越意識を抱いた。その分、入居に対する垣根は低くなった。あとはグループホームの職員側の手腕に任せるしか

ないが、ここで職員の資質が問われることになる。

「ホームは全室個室ですが、一応集団生活ですので、他の入居者様のご迷惑になるような行為は慎んでいただきます」

と言わないで、

「食事やお茶の時間は食堂で他のご利用者さんとご一緒ですので寂しくありません。全室個室ですから、プライバシーは守られます。皆さん楽しんでおられますよ」

と言えなくてはならない。

「一人で勝手に外出することはできません。ご家族とご一緒でないと責任が取れませんからね」

と言わないで、

「面会時にはご家族とご一緒に外出するのを皆さん楽しみにしていらっしゃいますよ」

と言えなくてはならない。

「火事を出すと自分一人の問題では済みませんから、喫煙場所以外ではタバコはお吸いになれません」

と言わないで、

「タバコも喫煙場所でならご自由に吸っていただけます」

と言えなければならない。

採用と同時に現場に配属されて、見よう見まねでケアに従事する新任職員にとっては、高度な技術かもしれないが、日常生活においても意識して肯定的な表現を心掛ければ、案外短期間で習得が可能である。

送り出す家族の努力は、受け入れる職員の技術があって報われるのである。

Story 44

グループホームⅥ

入居日が決まると慌しく準備が始まった。

衣類、パジャマ、毛布、食器、洗面用具、テレビ…。渡された一覧に書かれた持ち物を調達する度に、謙一と陽子は、房子に電話で報告した。

「素敵《すてき》なパジャマを見つけたので二組買ってきました。きっと似合いますよ」

「部屋は狭いから小ぶりなテレビにしたよ」

「ご飯、お替りするのはカッコ悪いかもしれないと思って、深めのお茶碗を用意しましたよ」

明るく楽しく報告することで、住み慣れたわが家を追われるのではなく、安心なアパートに移り住むのだと房子に受け止めてもらいたかった。入居のことをすっかり忘れている房子は、その都度戸惑いを見せたが、

「おふくろが楽しみにしている安心アパートの持ち物だから、つい張り切っちゃうよ」

「新しいお部屋には新しいものを持っていってもらいたいんですよ」

「アパートは夕食からだから、お昼を一緒に食べてから出掛けましょうね」

こんなやりとりを繰り返しながら、入居に対する房子の心の準備も進んでいく。

ところが当日、房子を迎えに出掛けた謙一夫婦は予想外の事態に遭遇した。房子が背中の痛みを訴えて布団に突っ伏している。

「痛い、痛い、痛い、痛い…」

グループホームに事情を説明して行き先は急きょ病院に変わった。

謙一が抱きかかえるようにして房子を車に乗せた。目が覚めたら激痛で起き上がれなかったという房子を、医師はＭＲＩまで撮って念入りに検査したが、

「筋を痛めたかな？　日にち薬ですね」

特段の異常は認められなかった。

診察の後でトイレに付き添った陽子は、痛い痛いと個室に入った房子が、うめき声一つ立てないで用を足して出てくる様子を見て、

「お母さん、私たちが見ていない所では、あまり痛みを感じないみたい」

困惑した顔で謙一に報告した。

Explanation
解説

わが家を離れる不安が背中の激痛に

在宅生活が限界を迎える理由にはさまざまなものがあるが、訪問診療や訪問看護、訪問介護や訪問入浴など、訪問系サービスの充実に加え、住宅改修と緊急時の対応システムをうまく活用することにより、寝たきりの高齢者だけでなく末期がんの患者であっても、一人暮らしの可能性は格段に広がっている。

しかし認知症高齢者の在宅生活は全く別の理由で限界を迎える。代表的な理由としては、火の不始末と徘徊《はいかい》、金銭管理及び服薬の困難、運転の危険性と環境の不潔化、近隣の人間関係の破綻などが挙げられる。迷惑を訴える周囲の声に抗し切れないで、家族が無理やり本人をグループホームに入れる場合は悲劇である。基本的人権である身体の自由を強制的に奪われる本人の心的外傷は、最も頼らなくてはならない家族との信頼関係を壊し、その後の支援は困難を極めることになる。従って認知症の場合、在宅生活の限界を見極めることが重要なのである。

携帯電話のかけ方が分からなくなったという房子の訴えを聞いた時、謙一夫婦は房子の在宅生活が限界を迎えたと判断した。離れて暮らしている以上、連絡が取れなくなるのは致命的である。思えば房子の認知症に気付いてから二年足らず、さまざまな工夫を重ねて在宅生活を支えてきたが、症状の進行は思いのほか早かった。合理的思考は保たれているものの、今では数分の記銘が困難になった。だからこそ合理的思考が保たれている間は、住み慣れたわが家での生活を続けるべきだという正当な考え方がある。本人もそれを望んでいると言われれば反論の余地はない。しかし謙一はそうは思わなかった。むしろ正常に機能する房子の思考に訴えて、房子の意思で安心できる保護的環境に移り住んでもらいたかった。時期を逸すれば、合理的思考すらできなくなり、周囲の声に追われるようにグループホームに入ることになる。

謙一夫婦は入居の準備を、まるで遠足の準備でもするかのように楽しげに房子に伝えた。房子は自分自身を、謙一夫婦から大切にされて安心アパートに移り住む運のいい人間だと思い込もうとしていた。住み慣れた家を離れたくないという意思の上に、安心アパートに移り住むのも悪くないという意思を塗り重ねた。しかし人間の気持ちはシャボン玉の表面のように複雑に色を変える。入居の当日になると、八十五年間暮らし慣れたわが家を去る不安が房子の背中で激痛になった。痛みの原因は医学的には不明だった。背中は本当に痛んだのだが、痛がればわが家から無理やり連れ出されることはないという無意識の欲望があったとすれば、房子はヒステリー症状を呈していたことになる。

Story
45

グループホームⅦ

背中の痛みは心の痛みだと直感した陽子は、

「あなたが会計を済ませてる間に、私、薬局で貼り薬をもらってくるね」

病院を出たところで謙一に携帯で電話した。

「お母さんにうまく言って、病院の玄関まで出てきてよ」

陽子にそう言われた謙一は、

「おふくろ、ごめん。職場からだ。院内は電話が駄目だからちょっと出てくるよ」

房子を長椅子に残して病院の正面玄関で陽子と落ち合った。

「入居、延ばしてもらう？ 私、お母さんが何だかかわいそうで…」

「う～む。しかし入居を延ばすとなると、今日はこのままおふくろの家に泊まるか、俺たちのマンションに連れて帰ることになるぞ」

「一人にはしておけないものね」

「それで痛みが治まるといいけどな…」

「すぐには無理よね」

「医者も日にち薬だと言ってたからなあ。それに君の言うとおり、心の痛みだとすれば、不安がある間はずっと治らない」

二人はしばらく沈黙したが、

「でも考えてみたら、こういう時に一人にしておけないから入居を決めたのよね」

そこが原点であることを二人は改めて確認した。それに入居の不安が痛みになっているのなら、入居してしまえばむしろ痛みは治まるはずである。しかしそれを切り出すのが難しかった。

「ごめん、おふくろ。職場でいろいろあって…」

謙一が房子にそう言い淀《よど》むと、

「おまえ、仕事に戻らなくていいのかい?」

心配そうに謙一を見る房子は母親の顔をしていた。

「俺… 仕事辞めようかな… 痛がるおふくろを一人にしておけないよ」

「仕事を辞めるなんて馬鹿なこと言うな。安心アパートなら一人じゃないんやろ?」

大丈夫だ、すぐに治る、と房子は自分に言い聞かせるように言って立ち上がった。

Story 45

「グループホームⅦ」

Explanation

解説

「仕事を辞めるなんて言うな」本人が入居決断

一般に人間は年齢を重ねるほど保守的になる。世の中の刷新に挑むのは常に若者である。自分を変えることも環境を変えることも容易ではないことを高齢者は経験的に知っている。高齢者にとっては変化しないことが安定なのである。しかし一定以上に年を取ると、今度は心身が環境に適応できなくなる。そうなると心身の状況に合わせて環境を変えることが安全の確保につながるのであるが、高齢者は変化を恐れて頑《かたく》なに現状維持を続けようとする。ここにグループホームも含めた施設入所を進める側の困難がある。

謙一夫婦は房子の保守性の周囲に周到なストーリーを展開してグループホームへの入居に漕ぎ着けた。携帯電話の操作能力の衰えを契機に老化に対する不安の認識を促し、費用の心配を取り除くことで、房子の警戒心は環境の変化を受け入れたように見えた。しかしそれはあくまでも理性の働きであった。いざ入居の段になって房子の情緒が反応した。八十五年間、一度も出たことのないわが家からグループホームに移り住む不安は計り知れない。それでも容赦なく進んでいく運命に心理的に抗し切れなくなった時、最高潮に達したジレンマは往々にして身体症状に転換される。

大嫌いな家庭教師の授業を受けたくない児童が原因不明の視覚障害を呈したり、体育の授業を拒む生徒が歩行困難に陥ったりする有名な例がある。いずれも仮病ではなく、特定の症状を呈することによってジレンマを解消しようとする心理的機制であることが、学者の研究によって明らかになっているが、房子の痛みの一貫性の欠如は、医学的原因が否定されたことで、心理的なものである蓋然性《がいぜんせい》が高くなった。だから大したことではないと思うべきではない。だからこそ、よくよくのことなのである。

目の前で痛みを訴える房子の様子に陽子の心は揺れた。恐らく謙一も一人で対応していたら入居の延期を申し出たに違いない。

複数で事に当たる意義がここにある。

「入居を延ばすとなると、今日はおふくろの家に泊まるか、俺たちのマンションに連れて帰ることになるぞ」

「一人にはしておけないものね」

「それで痛みが治まるといいけどな」

「すぐには無理よね」

「心の痛みだとすれば不安がある間はずっと治らない」

一連の会話が二人を事の本質に立ち返らせた。

そもそも謙一夫婦との同居が困難であり、しかも一人にしておけないからグループホームへの入居が決まったのである。痛みを訴える房子はなおさら一人にしておくわけにはいかない。

本質に立ち返ってはみたものの、具体的な対処方法が分からないで途方に暮れる謙一の目の前で、結論は思いがけず房子自身が出した。仕事を辞めようかと思い悩む謙一の立場を気遣って、大丈夫だ、すぐに治る、と言い切って、房子はジレンマを乗り越えたのである。

Story 46

八十五歳の勇気

房子はグループホームに入居した。

「皆さん、今日からお世話になる鈴木房子です。よろしくお願いします」

挨拶《あいさつ》をする謙一の傍らを、陽子に支えられて自分の居室に入った房子は、ベッドに腰を下ろして背中を丸めている。

「痛みますか？房子さん」

顔を覗《のぞ》き込むように声をかける看護師に、

「筋を痛めたようで、日にち薬だそうです。これを一日一回貼り替えて、痛みが激しい時は、こちらの薬を飲ませて下さい」

陽子は市民病院で処方してもらった湿布と痛み止めを渡した。

「よかったなあ、おふくろ。悪い病気じゃなくて…。それにここなら看護師さんもいてくださるから、俺、安心して仕事に戻れるよ」

謙一がそう言うと、

「気を付けて帰れよ」

房子はわずかに顔を上げて一人息子を見た。

これが最良の選択なのだと信じていても、見違えるほど小さくなった八十五歳の母親が勇気を振り絞る姿を目の当たりにすると、謙一の胸に罪悪感に似た感情が込み上げてくる。そう言えば、嫌がる娘を保育所に預けて逃げ帰る時も、似たような気持ちを味わった。本人の意に沿わないことを強制したという記憶は、四十年以上経っても残っているのだ。

「そうだ、おふくろ。少し待っててね」

思いついたように房子の家にとって返した謙一は、壁に飾ってあった房子の両親の遺影を持ち帰って居室の壁に飾り直した。長年眺め暮らした両親の写真は、他人ばかりのホームに残された房子の孤独を癒してくれるに違いない。

謙一は一枚の白紙にマジックで手紙を書いた。

『母さんがここで暮らしてくれるから、私は安心して仕事ができます。週に一度は会いにきますから楽しみにしていて下さい。　謙一』

押入れを開けた所に手紙を貼って、謙一夫婦はグループホームを後にした。

Story 46

「八十五歳の勇気」

Explanation
解説

施設に入居する意義を日々確認してもらう

前述したようにグループホームの正式名称は認知症対応型共同生活介護である。介護保険法上は居宅サービスに位置付けられていたが、現在は地域密着型サービスに分類され、対象を所在地の住民に限定して実施されている。つまり、住み慣れた地域で、これまでの生活との継続性を保って暮らし続けることを目的に提供される介護保険サービスということになる。

ところが、どんなに地域密着と銘打って、これまでの生活との継続性を謳《うた》ってみても、わが家を離れて移り住むという一点において継続性は断たれている。町内の回覧板は来ない。挨拶を交わすご近所もいない。毎年軒下に巣を作るツバメの姿は見られない…。生活の継続性とは、引き戸のきしみ、押入れにしまってある使う当てのない紙袋の山、人間の横顔の形に見える天井板の染みなどによって構成されている。さらに言えば、話し相手のいない寂しさ、ふと夜中に襲われる一人暮らしの不安、冷蔵庫にカビが生えた惣菜を発見した時の無念さといった、決して歓迎できない感情さえもが生活の日常性を構成しているのである。

グループホームに入居する本人は、たとえそれが住み慣れた地域に存在していても、見知らぬ土地に移り住むのと変わらない不安を抱えている。さまざまな失敗を繰り返して、在宅生活が限界を迎えたことについては自覚していても、いざ転居

Story46「八十五歳の勇気」解説

となると、新しい環境の前に横たわる「日常性の断絶」という溝を跳び越えることが難しいのである。

八十五歳にして初めて直面した日常と決別する不安を房子は背中の痛みで表現した。

「よかったなあ、おふくろ。悪い病気じゃなくて…。それにここなら看護師さんもいてくださるから、俺、安心して仕事に戻れるよ」

謙一は房子の痛みをグループホームに入居する意義に転換した。痛みを訴える房子を一人にはしてはおけない。グループホームには看護師がいる。だから謙一は安心して仕事に戻ることができる。その上で謙一は房子の実家にとって返した。実家の壁では、もう三十年以上、房子の両親の遺影が一人娘の生活を見下ろしている。謙一はそれをホームの居室の壁に飾った。房子の日常を新しい環境へつなぐ最も効果的な象徴であると判断したのである。目が覚める度に、自分は一体どこに居るのだろう…と戸惑う房子に、二人の遺影は限りない安心感を与えてくれるに違いない。

続いて謙一は毎日房子が開け閉めすることになる押入れの目に付く場所にメモを貼った。

『母さんがここで暮らしてくれるから、私は安心して仕事ができます。週に一度は会いにきますから楽しみにしていて下さい。　謙一』

メモを読むことで自分がグループホームに居る意義を毎日確認してくれることを期待したのである。

Story 47

一泊旅行

謙一夫婦は、週に一度は房子を連れ出して一緒に外食を楽しむことにしていたが、

「ねえ、春と秋には一泊旅行でも計画しようよ」

という陽子の提案で、長良川を眺め下ろす老舗の温泉ホテルに出掛けることになった。

房子は戦中戦後の困難な時代を懸命に生きてきたのに、思いがけず認知症を病んで、人生の最後のステージを他人ばかりの中で過ごしている。年に二回くらいは濃厚な家族の時間を持たせてやりたいではないか。

「温泉かあ…。久しぶりやなあ」

電話の度に楽しみにしていたはずの房子は、

「旅行？」

当日、そのことを覚えていなかった。

「そうだよ、旅行だよ。三人で温泉に行くんだよ」

途中で軽く昼食を済ませ、旅館周辺の旧い街並みを散策して、夕暮れ前にホテルに入った。

広々とした温泉につかってから部屋に戻り、豪華な夕食を前に仲居さんにシャッターを押してもらった。二合の酒を三人で分けて飲み、もう一度風呂につかって、

「いい湯だったなあ…」「また計画しような」

窓側から房子、謙一、陽子の順に川の字に寝た。明け方に房子が陽子の傍らの襖《ふすま》を開けた。

「トイレ分かる？　お母さん」「分かる…」

トイレのドアが閉まる音を聞いて陽子は目を閉じた。念のために襖は開けたままにしておいたが、房子が一向に戻らない。

陽子は突然言いようのない胸騒ぎに襲われた。

「ねえ、お母さんがトイレにいない！」

陽子の声に謙一は布団を跳ねのけた。

廊下へ出るドアの鍵が開いていた。

まずはフロントに連絡をして、二人で手分けして探したが、館内は巨大な迷路のようだった。

川に落ちでもしたら取り返しがつかない…。

不吉な想像に駆られて探し回ったが、房子は見つからなかった。

途方に暮れて戻った部屋に、ガードマンに伴われた房子がケロリとした顔で帰ってきた。

Story 47

「一泊旅行」

Explanation

解説

片時も目が離せない認知症ケアの難しさ

一人暮らしの老親をグループホームに入居させると、離れて暮らす家族は喉のつかえが下りたような安堵《あんど》を感じる一方で、同じ量の後ろめたさを抱える。現金が持てず、一人での外出は許されない。気ままな買い物ができず、例えばカレーライスが食べたい時も煮物を食べなくてはならない。管理された生活の不自由さは、衣食住が確保される安心感とは釣り合わないことが十分想像できるからである。人間は貧しさには耐えられても、自分の生活を自分で決められない屈辱には耐えられない生き物なのである。

謙一夫婦は罪滅ぼしのように毎週房子を外食に連れ出したが、実家に連れていくことはしなかった。房子の脳に一人で生活していた頃の自由な気分が蘇って、ホームに戻らないと言い出されては困る。しかし実家が気掛かりに違いない房子の気持ちを察すると、それもまた罪悪感になって、一泊旅行を計画したりするのである。

老舗旅館の豪華な料理を楽しんで三人は眠りに就いた。明け方、二人を起こさないように配慮して房子がトイレに立った。傍らの襖が開く音で陽子は辛うじて房子の行動に気付いたが、「トイレ分かる？」「分かる…」と言葉を交わしたにもかかわらず、房子が廊下に出て行く気配に気付くことはできなかった。フロントに事態を連絡し、迷路のような館内を手分けして探しながら、二人は認

Story47「一泊旅行」解説

知症ケアの難しさを思い知った。大人が二人がかりで看ていても、ちょっとした隙にこんなことが起きる。自宅で一緒に暮らすことを選択したら、片時も目が離せない。房子が畑に出掛ければ付いていき、陽子が買い物に行く時には連れていかなくてはならない。寝室に人の動きを感知するセンサーでも取り付けなければ、おちおちとは眠れない。

グループホームでは九人定員のユニットが二つ、つまり十八人の認知症高齢者が生活している。現金を持たせず、外出は許さず、出入り口には施錠する管理体制はやむを得ないものなのである。そう考えると、「希望者には散歩や買い物の機会を設けている」という場合の希望者は、相当限られた人数になると考えなくてはならない。二人の職員で三人の利用者をスーパーに連れていったとしても、一人がトイレに入った途端に、残された一人の職員で二人の利用者を看ることになる。川に落ちでもしたら取り返しがつかない…という家族の心配を人数分背負って運営するグループホームにとって、利用者の自由と安全の間に横たわるジレンマは永遠の課題なのである。

そう言えば房子は寝る前に布団の上に正座して真顔でこう聞いた。

「私は自分の部屋に行かなくてもいいんか？」

「何言ってるんだよ。三人で一緒に温泉に来たんじゃないか」

謙一は笑ってそう答えたが、トイレに起きた房子は自分の部屋に戻ろうとしたのかも知れない。

そしてガードマンに伴われて戻って来た房子は、その間の事情を何一つ覚えてはいないのである。

Story 48

夕暮れ症候群

グループホームに入居してひと月が経つ頃から、午後六時過ぎになると必ず房子から謙一に電話が入るようになった。用件は決まって家に帰るという訴えである。

「ああ、それは夕暮れ症候群といって、皆さんに見られる傾向ですよ」

と職員は事もなげに言うが、毎晩同じ話に付き合わされる謙一はたまったものではない。

「帰るのはいいけど、母さん、大変だよ…」

まずご近所に挨拶《あいさつ》して回らなければならない。そうすれば町内の役も祭りの役も回ってくる。昼と夜は給食があるけど、朝食を作ろうにもガスは危なくて使えない。買い物に行くためには現金を管理しなくてはならない。浴槽を洗い、ボイラーの燃料が少なくなれば注文し、洗濯の度に物干しに上がり、夜中でも土間に下りて履物をはき、トイレまで歩かなくてはならない。

「そもそも思い出してよ。あの朝、背中の痛みに驚いて携帯電話のかけ方が分からなくなって、母さん、固定電話にかけてきたんだよ。急きょ仕事を休んで駆けつけてはみたものの、大切な母さんを一人にしてはおけなくて仕事を辞めようかと悩む俺に、どこかに安心して暮らせる施設はないのか？と言い出したのは母さんなんだよ」

「そうやったか？」

「そうだよ。それで三カ所のアパートを一緒に見学して、一番気に入った今の安心アパートを申し込んだら、とんでもなく人気があって、なかなか順番が回ってこないところを、たくさんの人の努力で優先的に入れてもらったんじゃないか」

「世話になったんやなあ」

「母さんがそこで楽しく暮らしてくれているから、俺は安心して仕事ができるんだよ」

「ここはみんな親切で、いいところやよ。ただ時々家が心配になるだけや」

「家は俺がきちんと管理しているから安心しろよ。毎週風を入れてるし、戸締りもしてる」

「そうか。それなら安心した。もう寝るよ」

連日の根気強い母と子のやりとりを、陽子が笑って聞いている。

帰宅願望には矛先を変えるストーリーで対応

夕暮れがもの寂しいのは認知症高齢者に限ったことではない。我々の脳には太陽が昇れば活動し太陽が沈む頃にはねぐらに戻って眠りに就く生活習慣が刻まれている。認知症高齢者は自分の置かれている状況に記憶がないため、もの寂しい気分に駆られると、生き物としての帰巣本能が意識の全面に出てくるのである。

グループホームや特別養護老人ホームの場合、房子のように盛んに家族に電話をする者もあれば、帰り支度をして出入り口に立ち、鍵を開けてほしいと職員にせがむ者もいる。これが自宅になると、特に女性の場合は、両親と共に過ごした過去の実家に帰ろうとして、むやみに歩いて保護されることになる。従って帰宅願望を現状に対する不遇感の表現と捉えて過度に感情移入するのは生産的ではない。人間関係がうまくいかないのではないか。本当は施設入所に至った経緯を恨んでいるのではないか。職員から心無い扱いを受けたのではないか…。本人を大切に思えば思うほど家族の心配は際限もないが、当事者は生き物としての帰巣本能に駆られているに過ぎない。気分が変われば忘れてしまうし、諦めて眠りに就けば、何事もなかったかのように、新しい朝を迎えることになる。

謙一は房子からの頻繁な電話に閉口しながらも、陽子があきれるほど誠実に対応することにしている。感情的になって関係が悪化すれば、かえって大きな困難を抱えることになるからである。

「私、そろそろ家に帰ろうと思って…」

という房子に、家と言えば俺んちのすぐ近くで火事があってね…と話題を変えて、

「窓から真っ赤な炎が噴き出して、消防車が何台も来て…母さんも火事を見たことある？」

「火事よりも空襲だったよ。敵の爆撃機がな…」

といった具合に関心を逸らせることはできなくはないが、毎日となると困難である。そこで謙一は記憶のない房子の脳に事実とは微妙に違うストーリーを展開することにした。

以前、房子は背中の痛みに動転して携帯電話のかけ方が分からなくなった。固定電話で連絡を受けた謙一は、急きょ休みを取って駆けつけた。大切な母親を一人にはしておけず、かといって仕事の都合もつかない。いっそ仕事を辞めようかと悩む謙一に、どこか安心して暮らせる施設はないのかと房子が自分から言い出した。そこで三つの施設を一緒に見学し、一番気に入った故郷の施設を申し込んだ。大変人気があって、本来なら何年も待つべきところを、複数の人の尽力で優先的に入居が実現したのだと房子には信じさせたい。

「母さんがそこで楽しく暮らしてくれているから、俺は安心して仕事ができるんだよ」

と言う謙一の言葉を聞くと、

「ここはみんな親切で、いいところだよ」

房子の帰宅願望は現状への感謝に変化して、とりあえず落ち着きを取り戻すのである。

Epilogue

あとがき

アルツハイマー型認知症の発症からグループホーム入居まで、母が繰り広げる多彩な問題行動に手探りで対処してきました。幸いなことに母に無理強いすることなく行動変容を果たすことに成功しましたが、その背景には共通したやりとりがあることに気が付きました。行動変容の前後に臨機の物語を設定して、好ましい感情を伴った自発的な意思を引き出すコミュニケーションを図る…。本書ではその技法を「ストーリー・ケア」と名付けました。

しかし考えてみればストーリー・ケアは、認知症ケアの現場ではなく、振り込め詐欺の手口として、既に実践されています。電話口で孫が窮地に陥ったという物語を展開して、まんまと高齢者から多額の現金を詐取する犯罪組織は、高齢者の置かれた生活状況や心理特性、家族関係を研究し、場合によっては複数のメンバーが劇団のように互いの役割を設定して、周到に準備を重ねています。

「そんな口調でトシヨリが心を許すと思うのか。もっと心を込めて台詞《せりふ》を言え！」

繰り返し演技を指導する犯罪組織の映像をテレビで見た時に、私たちは気付くべきだったのでしょう。高齢者を騙《だま》す側が真剣に努力して訓練を積んでいるのに対して、支援する側は知恵を絞ることなく、善意の直球を投げ続けることに終始していたのではないでしょうか。

人間の尊厳は、その主体性にあります。自分で決めて生きていくところに人間としての充足感があるのです。金銭を詐取するためには、本人の意思の発動が不可欠ですから、意図する決断を促すために犯人たちは懸命に状況設定を行いますが、福祉的支援の場合は、善意の旗を掲げることで強制することが可能なのです。意に反する支援を強制されるときに崩れるのは、本人の人間としての尊厳だけではありません。支援者との信頼関係も一緒に崩れてしまいます。そして、長距離走のような認知症ケアの現場では、本人と支援者との信頼関係が崩れれば、その後の支援は困難を極めるのです。ストーリー・ケアは、本人から好ましい意思決定を引き出すことを目的に、支援者側が効果的な変化球を投げる技法の一つと考えればいいでしょう。

ここまで書いたところで時計を見ると、午後九時を過ぎていました。毎日午後六時過ぎに必ず携帯電話にかかってくるはずの母親からの「夕暮れ症候群」が本日はまだありません。電話のかけ方が分からなくなったのでしょうか。はたまた風邪でもひいて寝込んでいるのでしょうか。にわかに心配になってこちらから電話をすると、「ごめん、ごめん。食事が済んでみんなで楽しゅう話しとったもんで、電話するのを忘れとった」母親の明るい声が返ってきました。グループホームの皆さんの努力で、どうやら彼女の生活も安定し始めたようです。

本書の物語は架空の登場人物を設定し、焦点が明らかになるように状況を加工して創作したフィクションですが、基本的には母のケアを巡って筆者が体験した事実をもとにしています。原稿を一読するや、ストーリー・ケアの必要性に共鳴し、熱心に出版の労をお取り頂いた中日新聞社の野嶋庸平さん、藤原正樹さんにこの場を借りて感謝致します。

２０１５年10月

渡辺　哲雄

著者略歴

渡辺哲雄（わたなべ・てつお）

1950（昭和25）年、岐阜県郡上市に生まれる。73年、関西大学社会学部を卒業後、福祉関係の仕事に従事。90～2002年、岐阜県ソーシャルワーカー協会長。01年、日本福祉大学中央福祉専門学校専任教員。03～18年、NPO法人東濃成年後見センター理事長。著書に『老いの風景』『忙中漢話』『男の日傘』『ものがたりでわかる成年後見制度』（中日新聞社）『病巣』（日総研出版）など。

認知症ストーリー・ケア

「診断」から「グループホーム入居」まで

2015年 10 月 10 日　初版第一刷発行
2019年　9 月 20 日　初版第六刷発行

著　者　渡辺　哲雄
発行者　勝見　啓吾
発行所　中日新聞社
〒460-8511
名古屋市中区三の丸一丁目６番１号
電話　052-201-8811（大代表）
052-221-1714（出版部直通）
郵便振替 00890-0-10

デザイン　松村恵介

印　刷　サンメッセ株式会社

ISBN978-4-8062-0692-7 C0095
定価はカバーに表示してあります。落丁・乱丁本はお取り替えいたします。